Sylvie d'Esclaibes

FOMENTA
LA CONFIANZA
de tus hijos
con el método
Montessori

Para ayudar
a crecer bien
a los niños
de 3 a 12 años

La guía
pedagógica
de referencia con
50 ACTIVIDADES
Montessori

edaf

Sylvie d'Esclaibes

Fomenta la confianza de tus hijos con el método Montessori

Traducción de Alberto Benéitez

edaf

www.edaf.net

MADRID - MÉXICO - BUENOS AIRES - SANTIAGO
2018

Título original: *Donner confiance à son enfant grâce à la méthode Montessori*
© 2017, Leduc.s Éditions. 29, Boulevard Raspail 75007 París - Francia
© 2018, Sylvie D'Esclaibes
© 2018, De esta edición: Editorial Edaf S.L.U., por acuerdo con A.C.E.R.
© 2018. De la traducción: Alberto Benéitez
Diseño de maquetación: Émilie Guillemin, adaptado por Diseño y Control Gráfico
Fotografías de interior: D. R.

Editorial Edaf, S.L.U.
Jorge Juan, 68,
28009 Madrid, España
Teléf.: (34) 91 435 82 60
www.edaf.net
edaf@edaf.net

Ediciones Algaba, S.A. de C.V.
Calle 21, Poniente 3323 - Entre la 33 sur y la 35 sur
Colonia Belisario Domínguez
Puebla 72180 México
Telf.: 52 22 22 11 13 87
jaime.breton@edaf.com.mx

Edaf del Plata, S.A.
Chile, 2222
1227 Buenos Aires (Argentina)
edaf4@speedy.com.ar

Edaf Chile, S.A.
Coyancura, 2270, oficina 914, Providencia
Santiago - Chile
comercialedafchile@edafchile.cl

Junio de 2018

ISBN: 978-84-414-3872-9
Depósito legal: M-15754-2018

Índice

Introducción

Maria Montessori (1870-1952) primera mujer médico en Italia, dedicó su vida a la creación de una auténtica filosofía de la educación que bautizó como «pedagogía científica», hoy en día conocida por su apellido y extendida en el mundo entero.

Con esta pedagogía Maria Montessori quería crear un mundo nuevo y sostenía que solo la educación es un medio para la paz. Retomo sus palabras: «Establecer la paz de forma duradera es el trabajo de la educación, la política solo puede evitar la guerra (…). Construir la paz, una paz duradera, efectiva y constante…».

Uno de los principales objetivos de esta pedagogía es el desarrollo de la confianza en uno mismo, cualidad indispensable a todo ser humano para llevar una vida plena y feliz.

La confianza en uno mismo permite, efectivamente, alcanzar objetivos, seguir adelante sin tener miedo a no tener éxito. Incluso los fracasos pueden ser un medio para avanzar si son gestionados y superados por una persona con confianza en sí misma. Esa confianza es una cualidad que se adquiere desde pequeño (desde el nacimiento), que se construye poco a poco y que es esencial desarrollar de manera muy sólida en los primeros años de la vida. En efecto, esta será marcada con acontecimientos susceptibles de poner a prueba dicha confianza, a veces de manera profunda. Cuanto más haya sido firmemente establecida en los primeros años de vida, más difícil será fragilizarla.

Como Maria Montessori preconizaba, implementar todo un entorno preparado en función de las necesidades del niño es primordial para la construcción de esa confianza en sí mismo. Ese entorno no existe naturalmente, tiene que ser creado tanto por los padres en casa, como por los profesionales que se ocupan del niño fuera de ella, incluyendo los profesores en la escuela; tiene que ser evolutivo y muy adaptativo, siguiendo las diferentes fases del desarrollo del niño.

Los adultos que cuidan del niño, ya sea en casa o en las diferentes estructuras de acogida, son parte integrante de este entorno y tienen que estar muy atentos a su manera de comportarse, de hablar, de actuar con él.

La adquisición de esta confianza es por tanto una prioridad que la actitud del adulto puede favorecer considerablemente (u obstaculizar); por ello, es muy importante estudiar el conjunto de todo lo que posiblemente se puede establecer para ayudar en su adquisición y consolidación en el niño pequeño. Como padres o educadores, todos soñamos con que los niños sean conscientes de sus cualidades, de su potencial y que sepan construir una vida feliz y plena. Igualmente, todos deseamos que se atrevan a emprender, que piensen que la realización de sus sueños es posible.

Todos los progresos, las grandes invenciones, los grandes descubrimientos surgieron únicamente porque sus inventores estaban dotados de una gran confianza en sus propias posibilidades. Al parecer, nada podía disuadirlos de intentarlo todo para realizar sus sueños más atrevidos. ¿Acaso la confianza en uno mismo no es la cualidad principal que permite al ser humano avanzar siempre e inventar cosas extraordinarias?

La autonomía

▶ De la importancia de hacer las cosas solo

Desarrollar la autonomía en el niño desde la más temprana edad es un elemento esencial para el desarrollo de la confianza en sí mismo.

En efecto, cuanto más se da cuenta un niño de que puede hacer las cosas por sí mismo, más se siente fuerte e independiente de los demás.

Al contrario, el niño cuyos padres le hacen todo es totalmente dependiente de ellos y eso lo sumerge en un clima de inseguridad total. Si el ser del cual depende no está ahí, no puede hacer nada y se encuentra totalmente desamparado, sin ninguna confianza en sí mismo.

El hecho de ser capaz de lograr algo solo desarrolla en el niño un sentimiento de orgullo y una imagen muy hermosa de sí

mismo. Por ejemplo, podemos ver la alegría en la mirada de un pequeño cuando empieza a caminar solo o cuando consigue vestirse sin ayuda.

Ser autónomo es una necesidad profunda del ser humano. Por cierto, ¡El niño pequeño aprende a caminar solo, a hablar solo, no existe ningún manual para ayudarle en ello!

A partir de ahí, los niños se integran en un proceso de éxito que hace de ellos seres muy felices, sonrientes y tranquilos. Es la frustración por no poder conseguir las cosas lo que puede generar enfados y malestar.

A menudo, los padres piensan que hacen lo correcto ayudando demasiado al niño, pero actuando de esa manera le privan de la satisfacción y alegría del éxito. Efectivamente, todo ser necesita del logro para desarrollar una hermosa imagen de sí mismo y atreverse a seguir intentándolo. **A quien se le permite tener éxito efectuando tareas solo experimenta una intensa alegría que le ayudará a emprender cosas nuevas.**

El niño privado de este logro no intentará, al contrario, emprender nada, no seguirá hacia delante puesto que intentarlo le dará miedo.

Por supuesto, es absolutamente necesario que el adulto observe bien al niño del que se ocupa para saber apreciar lo que es capaz de hacer. En efecto, se excluye poner ese niño en situación de fracaso. Eso le daría una mala imagen de su propia personalidad, le haría perder su confianza y le impediría atreverse a emprender nuevas tareas.

En las aulas Montessori el acento se pone, a partir de la más tempra-na edad, en todas las actividades que llamamos «la vida práctica», donde todo se implementa para que los niños sean capaces de hacer algo por ellos mismos. Eso empieza por ejercicios donde aprenden a servir líquidos, después con ejercicios con cucharas que les permitirán comer solos. Inmediatamente después vienen las actividades «de cuidado del entorno» que les llevarán a cuidar solos del aula, pero también de su habitación. Finalmente, las actividades del cuidado de la persona, con las cuales aprenderán a ponerse la ropa (los botones, las cremalleras, los cordones, las hebillas de los cinturones, etc.), a lavarse las manos, a peinarse, a sonarse la nariz… Todo esto solos.

Existen igualmente ejercicios que llamamos «de gracia y cortesía», que harán de ellos seres humanos integrados en nuestra sociedad.

Los móviles y sonajeros colgados

Los juguetes presentados a continuación se instalarán cerca del bebé nada más nacer y permitirán entender como el desarrollo de la autonomía empieza en ese momento.

Existen cuatro tipos de móviles muy importantes en la pedagogía Montressori:
- El móvil Gobbi
- El móvil de Munari
- El móvil de octaedros
- El móvil de los bailarines

Recomendamos igualmente dos tipos de sonajeros colgados, el cascabel y el anillo, y finalmente la pelota de prensión. 🔍 foto 2

Todos esos tipos de juguetes deben estar siempre instalados de manera que el niño pueda tocarlos con sus manos y por encima de su torso con el fin de que, cuando le sea posible, pueda al arranque de un gesto involuntario, moverlos y entender (inconscientemente) de ese modo, que es capaz de impulsar el movimiento de los juguetes que están sobre su cabeza.

De esa manera su gesto involuntario se transformará poco a poco en un gesto voluntario.

Estos móviles y juguetes no tienen motores para hacerles girar y no tienen música. El niño consigue ponerlos en movimiento por su cuenta y de ese modo desarrolla su autonomía. ¡Y eso es posible a partir de las 6/7 semanas!

Podemos entonces constatar la alegría y las sonrisas cuando los bebés son capaces de golpear solos su pelota de prensión o el cascabel que emite ruido, sin tener que esperar a que el padre active el botón para hacer funcionar el móvil.

▶ La organización de las comidas

A partir de los 15 meses, cuando el niño sabe caminar y ha adquirido un buen control de sus dos manos, desea con fervor ser el compañero de vida del adulto y disfruta siendo capaz de hacer lo mismo que él.

En la cocina, le gustará saber preparar con el adulto las verduras para una ensalada, una sopa o un aperitivo.

Las bandejas

Estas son unas cuantas bandejas fáciles de preparar y que serán puestas a disposición del niño sobre las baldas de una estantería a su altura y a las que pueda acceder con facilidad.

Piensa igualmente en reservar un sitio donde el niño pueda encontrar todos los utensilios necesarios para cocinar contigo (útiles para la pastelería, exprimidor, etc.).

Como el niño es todavía pequeño, cada bandeja debe ser dedicada a una sola actividad. De esa manera, una vez que el niño domine esa actividad, podrá pasar a la bandeja siguiente. **En efecto, hemos observado en la pedagogía Montessori la importancia de presentar al niño una sola dificultad cada vez.**

La presentación de la bandeja y de la actividad es muy importante. Nos dedicaremos siempre a preparar unas bandejas bonitas con el propósito de desarrollar el gusto estético en el niño y que tenga ganas de emprender la actividad.

- La presentación por el adulto debe ser sencilla y hecha de manera clara con gestos precisos y sin hablar demasiado. El niño no puede concentrarse a la vez sobre las palabras del adulto y los gestos hechos con las manos.
- Antes de realizar la presentación de la actividad al niño, el adulto la habrá hecho varias veces solo para verificar que está adaptada, bien presentada sobre la bandeja y factible para el niño.

Una actividad debe ser siempre presentada por el adulto antes de ponerla a disposición del niño. Esto es recomendable para evitar que el niño se encuentre en situación de fracaso o haga la actividad de mala manera, lo que desembocaría en una realización errónea.

- Para presentar la bandeja, el adulto se pondrá del lado dominante del niño, o sea a la derecha para los diestros y a la izquierda para los zurdos (y a la derecha si el lado dominante no está todavía asegurado).
- Todas las actividades se hacen de izquierda a derecha con el fin de preparar de esta manera al niño a seguir el sentido de la lectura y de la escritura. Esto es muy importante, ya que permitirá al cerebro del niño retener ese sentido (obviamente, para las familias que escriben en árabe, por ejemplo, revertiremos el sentido de la presentación de las cosas).

- Los objetos serán asidos mediante el agarre de la «pinza» (pulgar, índice y dedo corazón); de esa manera, se entrenan los dedos del niño y esto le ayudará más tarde a coger el bolígrafo y a tener una motricidad lo más precisa posible. De esta forma en cuanto el niño coja un bolígrafo, lo agarrará de manera correcta y tendrá un gesto ligero, lo que le ayudará considerablemente en el trazado de las letras.

Bandeja «lavar las hortalizas»

🔍 foto 3

Material

Sobre una bandeja

- Un pequeño cepillo para limpiar las verduras
- Unos pepinos pequeños
- Un bol
- Un paño
- Una pila a la medida del niño o un fregadero accesible con un escalón

Presentación

- Invita al niño a reunirse contigo delante del fregadero
- Ten preparados la verdura, el bol y el cepillo sobre la bandeja
- Rellena con agua el bol hasta la mitad
- Mete el pepino en el bol
- Cógelo con tu mano no dominante

- Utiliza tu mano dominante para agarrar el cepillo y cepilla el pepino
- Deja a tu niño intentarlo

Si tu niño hace salpicar el agua por todas partes, dile sencillamente: «El agua necesita quedarse dentro del fregadero». Si sigue, dile que ya es tiempo de cortar el agua. Pero no te enfades, solo actúa con seguridad.

TENER EN CUENTA

El niño puede también lavar frutas como los plátanos (para quitar los pesticidas)

• •

Bandeja «pelar las verduras»

🔍 foto 4

Material

Sobre una bandeja

- Un pela-verduras
- Un pepino
- Un pequeño plato para el pepino (antes y después de haber sido pelado)
- Un pequeño bol para las mondas
- Una pequeña bandeja

Tu niño lava el pepino y lo lleva a la mesa con el plato.

Presentación

- Coge el pelador con tu mano no dominante
- Con la otra mano coge el pepino
- Pela con tu mano no dominante hacia el exterior de manera que tu niño no coja el hábito de pelar hacia su mano.
- Tras sacar unas cuantas mondas deja que tu niño tome el relevo
- Deja las mondas en el bol
- El pepino está ahora en el plato y preparado para ser cortado con un corta-patatas ondulados o un cuchillo adaptado

Bandeja «cortar las hortalizas, las verduras o las frutas»

🔍 foto 5

Este ejercicio es la continuación perfecta de los ejercicios anteriores.

Material

Sobre un bandeja

- Un corta-patatas o cuchillo adaptado al niño con un lado desafilado (tiene que poder cortar una uva o un trozo de queso)
- Una pequeña tabla de corte de madera ligera
- Una zanahoria
- Un bol

Presentación

- Después de que el niño haya lavado la zanahoria, invítalo a traerla sobre la tabla de corte que habrás colocado previamente sobre la mesa.
- Posiciona la zanahoria en el medio de la tabla de corte.
- Utilizando las dos manos sobre la parte superior del corta patatas, apóyate para cortar.
- Corta dos trozos y déjalos en el bol.
- Invita el niño a probar.

Tu niño no debe comer mientras hace el ejercicio.

Una vez que ha terminado de cortar toda la zanahoria, puedes comerla con él como snack o tentempié, o guardarla para incluirla en la preparación de un plato. A los niños les encanta ser capaces de participar en la preparación de una comida y de identificar las verduras, las hortalizas que han cortado.

> ### TENER EN CUENTA
>
> Otros alimentos funcionan bien para estas bandejas, como las manzanas (córtalas en dos antes), el apio, la uva negra grande, el kiwi (pelar y cortar), unos gajos de naranja (pelar con la mano y cortar para una ensalada de frutas), melones (quítale primero la piel), los plátanos (haz un primer corte y enseña al niño cómo pelarlo con la mano) y grandes trozos de queso.

En la mesa

En cuanto sea posible, es muy importante que el niño encuentre a su altura todo lo que le sea necesario para comer con autonomía, o sea una mesa, una silla y también una estantería baja o un cajón, en el cual estará todo lo que él necesite para poner la mesa. Obviamente, todos estos muebles se adaptarán a su estatura.

La vajilla no deberá ser de plástico, sino de cerámica o de cristal. Procura que sea ligera y rompible. El niño se preocupará de cuidarla; si además es bonita, más.

La mesa baja y la silla adaptada permitirán al niño sentirse seguro en su posición física; de esa manera podrá concentrarse sobre la nueva sensación, el hecho de comer solo comida sólida. Una silla alta aísla y restringe al niño y lo sitúa físicamente en una posición extraña. La posición ergonómica y baja permite al niño sentarse en la mesa sin sentirse trabado.

· ·

Actividad «poner la mesa»

Este material se colocará en una estantería baja a la altura del niño en la habitación donde suele comer.

Material

- Una bandeja
- Un mantel individual
- Un plato
- Unos cubiertos adaptados
- Un vaso pequeño
- Si cabe la posibilidad, un jarrón en el que el niño pondrá una flor para decorar la mesa
- Un mantel individual con plantilla para enseñar a poner la mesa, para que el niño pueda servirse de ello como referencia al principio

Presentación

Primera presentación

- Coge la bandeja con el mantel individual con plantilla (en un primer momento), el plato, los cubiertos y el vaso
- Coloca el plato sobre una mesa
- Saca el mantel individual con plantilla y déjalo encima de la mesa.
- Saca cada elemento y colócalos sobre el mantel con plantilla
- Propón al niño que vuelva a poner la mesa

Segunda presentación

- Coloca el mantel individual con plantilla al lado de la bandeja
- Coge un mantel individual
- Pon los cubiertos mirando el mantel individual con plantilla, respetando la misma disposición
- Propón al niño que vuelva a poner la mesa

Tercera presentación

- No uses el mantel individual con plantilla
- Pon la mesa
- Verifica con el mantel individual con plantilla
- Propón al niño que vuelva a poner la mesa

Cuando el niño ha terminado su comida, podemos prever sobre una estantería una pequeña bandeja con una esponja, jabón y un paño para que pueda limpiar su mesa.

Podemos también ofrecerle un recogemigas para que limpie el mantelillo después de usarlo.

Es importante adaptar de la misma manera la organización de la nevera. Instalar, por ejemplo, una estantería a la altura del niño para colocar frutas, ingredientes para hacer bocadillos, crema de untar, etc. Un niño de 2 años puede abrir una nevera y coger un tentempié o servirse una bebida fría en un vaso pequeño. Un niño más mayor puede servirse un zumo de fruta y prepararse su almuerzo.

● ●

Actividad de untar

La capacidad de untar vuelve al niño capaz de hacer distintos *snacks* y ofrece numerosas horas de proyectos divertidos.

Material

Sobre una bandeja

- Un cuchillo para untar
- Un pequeño bol o una taza para contener el material a untar
- Queso para untar, por ejemplo
- Un pequeño plato
- Unas galletas saladas tipo *crackers* duros que no se romperán cuando presionamos encima

La preparación es la clave de todos los ejercicios. Dispón las galletas saladas sobre una pequeña tabla de corte. Pon el queso para untar en un pequeño bol. Coloca el cuchillo de untar sobre la bandeja al lado de la tabla de untar.

Presentación

- Invita el niño a unirse contigo en la mesa
- Pon la bandeja sobre la mesa y siéntate al lado del niño
- Coge el cuchillo para untar con la mano dominante
- Agarra el lado del bol con su mano no dominante
- Hunde el cuchillo en el queso para untar
- Pon el queso de untar en el centro de la galleta salada
- Esparce alisando
- Deja tu niño intentarlo con otro galleta
- Pon el plato con las galletas saladas sobre un mantelito

Tu niño y tú podéis compartir los *crackers*.

Cuando tu niño prepara la comida, es importante que no se acostumbre a comer. Eso le permite desarrollar su sentido del orden y de la voluntad. Una preparación del *snack* significa que preparamos un tentempié que será tomado después en un segundo momento.

Podéis añadir a este ejercicio la noción de servicio pidiendo al niño sostener la bandeja, presentarla a miembros de la familia y preguntarles si quieren unos *crackers*.

OTRAS IDEAS

Un poco de mantequilla de almendras sobre unos trozos de manzana, algo de humus sobre pan de semillas, mermelada sobre unos *panecillos*, todo lo que se pueda untar fácilmente.

❱ **Duerme a tu niño**

La cama 🔍 foto 6

Sobre todo no pongas a tu niño en una cama con barrotes que le impedirán levantarse solo e ir para buscar sus actividades y juguetes cuando esté despierto.

Es esencial para el desarrollo de su autonomía hacerle dormir sobre un colchón instalado directamente en el suelo y eso desde la más temprana edad.

Al nacimiento, por supuesto, podemos tomar la elección del colecho para facilitar la lactancia y para que la madre no esté demasiado cansada, pero, en cuanto sea posible, es importante instalar el bebé sobre un gran colchón de tipo «futón». Se puede igualmente, durante un tiempo, poner al bebé en un capazo y este mismo capazo sobre el colchón.

En cuanto el niño pueda rodar sobre sí mismo, es conveniente prever una alfombra situada directamente al lado del colchón para que no se haga daño. También es importante procurar no tener los suelos de las habitaciones cubiertos de baldosas, muy poco prácticas, y escoger preferiblemente parquet o linóleo, más fáciles de limpiar.

Instalado en ese entorno, el niño va a poder gestionar los momentos en los cuales está despierto. En cuanto se desplace, podrá incluso buscar sus juguetes situados a su altura dentro de bonitas cestas en la estantería. Tendrá igualmente libre acceso a sus libros y todo esto le permitirá una gestión independiente de su sueño y de su despertar.

Con relación a los niños en camas con barrotes, solo tienen una alternativa cuando se despiertan: gritar y llorar para que vengan a liberarlos. ¡Y eso genera un estrés importante!

Al contrario, el niño que por sí mismo gestiona su sueño es mucho más sereno.

Además, tendrá una visión completa de la habitación en la que vive, lo cual es también importante para que se sitúe en el espacio.

Este es un hermoso testimonio de una madre a la que había aconsejado hacer dormir a su niño pequeño sobre un colchón en el suelo: *«Desde que duerme sobre su colchón a ras de suelo, ¡hace todas sus noches! En diez días ni un solo despertar a las 4 de la mañana. Si lo hubiese sabido... habría instalado así su habitación mucho antes. El resultado ahora es que se acuesta a las 21:30 y se despierta entre las 6 y las 7, una maravilla. Una cosa que además no hacía antes, incluso estando despierto, es que le gusta quedarse en la cama. Hay mañanas en las que se vuelve a dormir tras el biberón de las 7 para despertarse a las 8 y no voy a buscarlo antes de las 8:30-8:45. Le colgué un móvil encima de su cama y dedica su tiempo a mirarlo».*

▶ Los cuidados del niño

El hecho de poder lavarse y vestirse solo constituye un elemento esencial del desarrollo de la autonomía.

Vestirse solo

Cuando vistas a un bebé, haz las cosas siempre en el mismo orden y verbalizando lo que estás haciendo. De esa forma lo invitas a cooperar.

Por ejemplo, di: «Me vas a dar tu brazo izquierdo para poner la manga y después voy a pasar la prenda por detrás de ti y me darás tu brazo derecho para la otra manga, luego voy a ponerte el calcetín en tu pie derecho, etc.».

Te sorprenderás de lo rápido que el bebé te acompañará en los gestos para vestirse, grabará de esa manera el proceso y se vestirá solo desde muy pequeño.

Con el propósito de ayudarle igualmente a ganar autonomía, cuando sepa caminar, ponle su ropa en el mismo orden en el que lo vistes. De esa manera, poco a poco, memorizará ese orden y después podrá escoger su ropa de la misma manera.

En cuanto sea posible, instala un pequeño ropero a su altura para que pueda escoger su ropa, pero también guardarla cuando se la quite. Este ropero no deberá tener demasiada ropa y será muy bien seleccionada por los padres. Efectivamente, escoger es muy complicado para el niño pequeño y puede crearle un estrés totalmente inútil. Además, el hecho de haber seleccionado previamente ahorrará discusiones entre el adulto y el niño, que tendrá tendencia a escoger ¡la ropa menos apropiada!

Para ayudarle, prevé en ese pequeño ropero, cajones o cajas sobre las cuales habrás pegado etiquetas indicando lo que hay que colocar en ese sitio (para las bragas o los calzoncillos, para los calcetines, para los guantes y bufandas, etc.).

El aseo

Ocuparse de sí mismo de manera independiente es igualmente esencial. Para ello haz que el niño tenga todo lo que necesite a su altura para asearse, para cepillarse los dientes o peinarse.

Puedes conseguir un mueble-lavabo a su altura al que no puede faltarle un espejo, una pequeña estantería para su cepillo, su vaso, su dentífrico y su cepillo de dientes, un gancho para la manopla, (existen manoplas con la medida de la mano de un niño pequeño) y otro para la toalla. 🔍⊕ foto 7

Situaremos un pequeño barreño en el centro de dicho mueble que el niño podrá llenar con un pequeño bidón a su disposición.

Una vez realizado el aseo el niño podrá vaciar su barreño solo.

Con el propósito de que sea autónomo lo más rápido posible en el cepillado de dientes; por ejemplo, te cepillarás los dientes a su lado y al mismo tiempo que él. El niño aprende con el ejemplo. Podrás también situarte detrás de él cogiéndole las manos para que haga los gestos correctos.

En la bañera pon al alcance de tu niño pequeños frascos como los que se pueden llevar en avión llenos de jabón líquido y de champú. Una vez más, pídele participar y déjalo actuar por sí solo en todo lo que pueda.

• •

Bandeja «lavarse las manos»

Material

Sobre una bandeja

- Un barreño
- Un jabón sobre una jabonera
- Un cepillo para las uñas
- Una esponja
- Una pequeña toalla

- Un paño de cocina
- Una crema para las manos
- Una jarra para llenar de agua el barreño
- Un pequeño cubo para vaciar el agua sucia

Presentación

- Lleva la bandeja hasta una mesa cubierta con un hule.
- Pon el barreño en el centro de la mesa.
- Sobre el hule, deja el material en el orden de uso en el que el niño lo va a usar: la jabonera, el cepillo para las uñas, la toalla, la crema para las manos y la esponja.
- Vierte despacio el agua de la jarra en el barreño.
- Mete las dos manos en el agua mojándolas bien.
- Coge el jabón y pásatelo bien por las dos manos; déjalo de nuevo en su sitio.
- Frota bien las manos y cada dedo diciendo su nombre: «el pulgar, el índice...»
- Coge el cepillo para las uñas y enseña cómo se usa.
- Deja el cepillo.
- Mete las manos en el barreño para quitar el jabón.
- Sécatelas con la toalla.
- Abre el bote de crema.
- Pon un poco sobre las manos y frótalas.
- Pasa la esponja por el hule.
- Escurre la esponja en el barreño y vuelve a dejarla sobre la bandeja.
- Vacía el agua del barreño en el cubo previsto para ello.
- Vuelve a poner el barreño sobre la bandeja.
- Coloca de nuevo cada cosa sobre la bandeja.
- Si fuera necesario, seca el hule y el barreño con el paño de cocina que tendrás que dejar secarse.
- Propón al niño que haga la actividad tantas veces como quiera.

◗ Aprender a leer: ¡una gran autonomía!

En cuanto haya adquirido consciencia de sí mismo y hasta alrededor de los 6 años, el niño atraviesa además una etapa sensible respecto a su autonomía. La prueba de ello es que siempre está pidiendo hacer cosas «él solo». **¿Cómo ser autónomo en la vida si siempre somos dependientes del adulto para leer todo lo que hay alrededor nuestro?** A esa edad enseñarle a leer es por lo tanto esencial.

El niño ve letras en todas partes. Nuestro papel de educador o de padre es el de permitirle sentirse lo más cómodo posible en el mundo en el que vive. Por tanto, es crucial permitirle lo más pronto posible descifrar y entender todo lo que le rodea en su vida. Eso va desde lo que está escrito en la caja de cereales que ve cada mañana sobre la mesa del desayuno hasta la comprensión de lo que está escrito en los carteles en las calles, pasando por el periódico que leen sus padres y por las historias que le gusta tanto oír, pero que sus padres no tienen tiempo de leerle.

Empezando los juegos de lectura a los 2 años, momento en el cual su poder de concentración sobre este conocimiento es óptimo, el niño tiene todo el tiempo para aprender disfrutando y con alegría. Pasados los 6 años, es demasiado tarde, el periodo sensible que hacía de los aprendizajes un juego excitante ha pasado y no volverá.

El niño que ha descubierto muy temprano las palabras habladas y escritas no estará sometido a la presión del programa escolar que estipula que un niño tiene que aprender a leer y a escribir en el primer curso de primaria y debe saber hacerlo al final de ese año escolar, condiciones en las cuales este aprendizaje ya no es un placer pero una obligación a lo largo de un corto año en el que ¡ya tenemos muchas otras cosas que aprender! Esta obligación y la dificultad encontrada por el niño tras su periodo sensible pueden acarrearle problemas de aprendizaje, anomalías, una gran pérdida de confianza en sí mismo e incluso el fracaso.

Como padres podéis poner en marcha actividades muy variadas con vuestro hijo con el objetivo de responder a esa sed de aprender y curiosidad. Lo esencial es que entienda que una palabra se compone de sonidos y que un sonido corresponde a una letra.

Los juegos sobre los sonidos

Puedes hacer numerosos juegos sobre los sonidos hasta que tu niño entienda correctamente las palabras. **Es importante señalar que este aprendizaje de la lectura es al principio muy sensorial ya que se trata de oír los sonidos** y una vez más, es entre los 0 y 6 años que el desarrollo sensorial del niño se encuentra en sus niveles máximos. Por lo tanto, es esencial encontrar y llevar a cabo todos los entrenamientos posibles con la finalidad de que tu niño se haga más competente.

Unas cuantas ideas de juegos de sonidos

- ¿Qué oyes al principio de «Alexis»? Oyes *a*.
  ¿Qué oyes al principio de «Mamá»? Oyes *mmm*.
  ¿Qué oyes al principio de «vela»? Oyes *vvvv*.

Empieza por sonidos sencillos y no por sonidos complicados como *tr, pr, oi,* etc.

- Puedes también empezar cogiendo tres pequeños objetos como un bolso, una moto, un coche y decirle al niño: «Veo, veo un objeto que empieza por *mmm*» y el niño tendrá que señalar la moto...

- Es posible hacer la misma cosa con imágenes de animales (por ejemplo: un león, un tigre, una serpiente) y decir «Voy a coger la imagen del animal que empieza por el sonido *ssss*». Y seguir hasta que encuentre solo el sonido por el que empieza la palabra.
- Se pueden hacer después otros juegos que divierten mucho a los niños: «Enséñame todos los objetos de la estancia cuyo nombre empieza por el sonido *a*», «Busca un juguete en tu cuarto que empiece por *o*», etc.

Una vez que el niño ha entendido el sonido por el que empieza una palabra, podemos preguntarle sobre el sonido que oímos al final de esa palabra.

Cuando hemos verificado que el niño oye bien los sonidos en la palabra, podemos pasar al aprendizaje de las letras.

Actividad «Juego de sonidos»

🔍⊕ foto 8

Material

- Una caja bonita que contenga seis pequeños objetos: un saco, un cubo, un violín, un coche, un balón, un barco.
- Una alfombrilla.

Presentación

- Ve a buscar la caja y ponla encima de la mesa.
- Pon la alfombrilla sobre la mesa y sitúa la caja encima, arriba a la izquierda.

- Coloca los objetos en la parte superior de la alfombrilla, de izquierda a derecha.
- Verifica que el niño conoce bien los nombres de los objetos.
- Coge el saco y di: «Busco un objeto que empieza por el mismo sonido que ssssaco.»
- Deja el saco en el centro del tapete por debajo de los objetos.
- Si el niño coge el silbato/la silla, dile: «Sí, tienes razón, oigo ssss en sssilbato como en sssaco» y pon el silbato a la derecha del saco.
- Sigue cogiendo el violín, etc.

Puedes hacer estos mismos juegos buscando el sonido con el que acaba la palabra, luego el sonido que oímos en medio de la palabra, como en *sal* y *mar* o *bol* y *sol*, etc.

Los juegos sobre las letras

Podemos pasar al aprendizaje de las letras que corresponden a esos sonidos con el material de las «letras rugosas», elemento esencial de la pedagogía Montessori que ha recibido el aval de neurocientíficos como Stanislas Dehaene.

Esas letras son tablillas, rosas para las consonantes y azules para las vocales sobre las cuales están pegadas letras de papel de lija. De esta manera el niño las tocará para aprender y a través de ese gesto su cerebro retendrá la forma de la letra tocada. Por supuesto, uno mismo puede fabricar estas letras.

El niño aprenderá entonces las letras que corresponden a los sonidos, después formará palabras y seguidamente las leerá. La velocidad de aprendizaje varía obviamente de un niño a otro, y no hay que olvidar jamás que todo este aprendizaje tiene que seguir siendo un juego, un placer y que la peor de las cosas que podemos hacer es presionarle. Hay que confiar en él y encontrar siempre medios atractivos para ayudarle a aprender.

▶ El entorno

A partir de los 3 años, el niño es capaz de cuidar de su entorno por sí solo, es decir barrer, quitar el polvo, limpiar la mesa, la silla, hacer bonitos ramos de flores, mantener las plantas, etc.

• •

Actividades «Hacer ramos de flores»

🔍 foto 9

Material

Sobre una bandeja

- Un jarrón
- Una jarra
- Unas tijeras
- Un cuenco
- Unas flores

Presentación

- Lleva la bandeja sobre la mesa.
- Coge la jarra y ve a buscar agua.
- Vierte el agua en el jarrón.
- Coge una flor y corta la parte inferior del tallo.

- Pon el trozo cortado en un cuenco.
- Métela en el jarrón.
- Pídele a tu hijo que a su vez haga lo mismo con otras flores.

Si el niño quiere reorganizar su ramo y cambiarle el agua, prevé además del resto de material un escobillón para aclarar el jarrón.

2

El control de error

▶ ¿Qué es el control de error?

El principio del control de error en el material educativo reside en el hecho de que en el interior del mismo siempre se encuentra **un medio para el niño de darse cuenta si ha logrado el ejercicio o si ha cometido un error.**

▶ Los beneficios del control de error

Este elemento de la pedagogía Montessori es esencial para que el niño desarrolle su confianza por diversas razones:

- Solo él juzga sus actividades o su trabajo no el adulto. Por tanto, no recibe la mirada del adulto ni las palabras a veces hirientes de nuestra sociedad: «Te has confundido», «Está mal», etc.
- Desarrolla su espíritu creativo, porque, reflexionando e intentando encontrar otra solución, el niño descubre la respuesta correcta o el medio adecuado para conseguirlo. Una vez más, desarrollará

su confianza en sí mismo, ya que tomará consciencia poco a poco de que puede hallar solo las soluciones.

- Es muy activo de cara a su aprendizaje, y se da cuenta de que puede aprender solo, sin esperar el juicio de un adulto. Puede progresar en las materias más difíciles por sí mismo, ya que la autocorrección le ofrece siempre la posibilidad de ver si va en la buena dirección o no. De esta manera desarrolla su confianza, convirtiéndose en dueño de su aprendizaje.
- Entiende que cometiendo errores es cuando podemos progresar. Por tanto, acepta equivocarse. Una vez que aceptamos la equivocación, nos atrevemos a emprender dado que el miedo al fracaso ya no existe. El niño en ese momento, tiene plena confianza en sí para intentar, ir hacia adelante, emprender nuevas actividades. Sabe que si se equivoca, tiene en él todas las capacidades para encontrar la solución. Si fracasa de nuevo, siempre tendrá confianza en sí para volver a empezar.
- El control de error permite igualmente aprender todo por sí mismo, ¡lo que desarrolla considerablemente la autonomía!
- Al trabajar solo, el niño aprende a su ritmo. No necesita esperar al adulto para validar su trabajo y continuar sus estudios. No necesita tampoco ir al mismo ritmo que los otros, si quiere estar más tiempo con una actividad y si necesita más tiempo para memorizar. No perderá la confianza en sí mismo al no compararse con los otros. Al contrario, el niño que lo necesite, podrá tomarse más tiempo y se dará cuenta entonces de que puede perfectamente aprender también.
- Puede aprender progresivamente porque, al principio, es posible instaurar un código muy visible y poco a poco hacerlo invisible a primera vista. Una vez más el niño aprende poco a poco y no se encuentra en situación de fracaso; no pierde confianza en sus capacidades; todo lo contrario, la afianza de manera sólida y duradera.

Todo este recorrido puede empezar desde la más temprana edad mediante todas las actividades que pondremos en marcha en casa o en clase.

De esta manera el adulto, al crear las actividades, deberá siempre reflexionar, sobre este famoso control de error y tener en cuenta que este método de preparación del material debe durar toda la escolaridad del niño.

Un día, un adulto vino a observar a los alumnos de mi clase y les preguntó lo que pensaban de la implementación de consolas tipo Ipad en las aulas: entonces, uno de los alumnos escolarizados desde hace muchos años le contestó: «Las consolas no están bien, porque no necesitamos reflexionar, vemos enseguida si nos hemos confundido y podemos mirar para buscar la respuesta correcta, mientras que el material Montessori nos permite reflexionar y encontrar nosotros mismos la respuesta acertada». ¡Todo estaba dicho!

▶ Cómo establecer el control de error

Ejercicios de vida práctica

Para los más pequeños existen ejercicios que llamamos «de vida práctica», con los que el niño tiene la posibilidad, en cuanto su motricidad se lo permite, de acompañarnos en las tareas cotidianas.

Para todos los ejercicios donde hay que trasvasar de un recipiente a otro, con una cuchara, una pipeta, con unas pinzas, el material se colocará sobre una bandeja. 🔍 foto 10 y 11

Si el niño vierte el contenido fuera del recipiente, todo caerá sobre la bandeja y se podrá recoger con facilidad lo que haya derramado. Cuando el niño vuelva a verter, lo hará intentando derramar la menor cantidad posible.

En todos los ejercicios que impliquen algo líquido, el niño encontrará sobre la bandeja una pequeña esponja y un paño de cocina para secar el agua derramada (previamente le habremos enseñado a escurrir una esponja).

Emparejar

Podemos organizar varios ejercicios donde la tarea consiste en realizar parejas.

Eso se puede hacer con cajas de sonidos, cajas con olores, pero también con imágenes: si escogemos esta opción, pondremos pegatinas de un mismo color detrás de las dos imágenes que pertenecen a la misma pareja.

Los ejercicios de clasificación

Con el fin de desarrollar en el niño el sentido del orden, organizaremos numerosos ejercicios de clasificación en nuestra pedagogía Montessori: clasificación por colores, por formas, por texturas, por sonidos, etc.

Cuando preparamos este tipo de actividades en la cual clasificamos un conjunto de objetos en tres o cuatro categorías, meteremos siempre el mismo número de objetos por criterio. Por ejemplo, si clasificamos botones amarillos, rojos y azules, pondremos el mismo número de objetos amarillos, azules y rojos. foto 12

De esa forma el niño tendrá visualmente un número igual de elementos para cada categoría, lo que corresponde a cierto control de error. Pegaremos igualmente pegatinas del mismo color bajos los objetos o imágenes de un mismo grupo.

Los puzles

Sería bueno realizar una plantilla de control sobre una hoja un poco gruesa, trasladando exactamente el puzle con el contorno de cada pieza. De esa manera si el niño las mezcla y no sabe dónde colocarlas, podrá ayudarse de la plantilla de control que le permitirá visualmente verificar la posición de cada una.

Lectura y cálculo

Cuando un niño crece y realiza operaciones, se las planteamos en unas pequeñas fichas con la respuesta detrás. De esta manera, el niño efectúa su cálculo, da la vuelta a la ficha y, si no encuentra el mismo resultado, vuelve a empezar hasta que da con la respuesta correcta. 🔍 foto 13

Una vez que el niño lee, sabe que puede encontrar a su disposición y en consulta libre en el aula las correcciones de todos los ejercicios que le ofrecemos. 🔍 foto 14

Ciencias y arte

Para el estudio de todo el vocabulario relativo a las ciencias, la geografía, el arte, etc., el niño dispone de lo que llamamos «tarjetas de nomenclatura». 🔍 foto 15

Una vez más se trata de emparejar tarjetas: una primera tarjeta consiste en una imagen con el nombre de lo que ilustra, otra tarjeta contiene la misma imagen sin el nombre y luego hay una etiqueta independiente solo con el nombre escrito.

En función de la edad del niño, realizaremos conjuntos de entre seis y quince tarjetas aproximadamente.

El niño coloca en la parte superior de la mesa o de su alfombra, de izquierda a derecha, todas las tarjetas conteniendo la imagen y la palabra.

Luego, haciendo una segunda línea, empareja las imágenes solas con las anteriores y coloca por debajo la etiqueta con el nombre.

Se lo aprende bien.

Después da la vuelta a las tarjetas que tienen imagen y nombre. Separa y coge las etiquetas con los nombres únicamente, las mezcla e intenta colocarlas bajo la imagen correspondiente.

Cuando ha acabado, se corrige él solo poniendo boca arriba las tarjetas completas para verificar.

Si ha cometido errores, lo verá solo, se corregirá y podrá volver a empezar hasta que todo esté correcto.

Este tipo de actividades pueden ser creadas para todo tipo de temas.

Las líneas del tiempo

Para todos los aprendizajes cronológicos como los acontecimientos históricos, usaremos líneas rellenas con datos e información. 🔍 foto 9

La línea se realiza siempre con la proporcionalidad correcta para las diferentes épocas, sobre las cuales figurarán dibujos o fotos ilustrando cada periodo representado. De este modo el niño puede mirarlas tranquilamente y asociar las imágenes a un periodo dado.

Una segunda línea idéntica a la anterior se entrega al niño: sobre esta solo están indicados los diferentes periodos.

Aparte, el niño dispone de todas las imágenes o fotos que se encontraban en la línea completa.

Una vez que haya repasado bien el friso completo, lo recogerá, cogerá el friso sin los acontecimientos y colocará las imágenes y las fotos en los lugares correctos.

Cuando haya terminado, lo comparará con el friso completo y podrá entonces corregirse solo a la vez que intentará entender sus errores. Volverá a empezar el ejercicio tantas veces como lo desee, hasta que acierte en todo.

Tarjetas con pinzas para la ropa

Este material es excelente desde los 3 años. 🔍 foto 17-17bis

Realizamos una tarjeta sobre la cual figuran por ejemplo tres jirafas. En la parte inferior de la tarjeta tenemos tres casillas: una con un «1», una con un «3» y otra con un «2». Al reverso de la casilla del «3», pegamos una pegatina. El niño dispone de una pinza para la ropa. La coloca sobre la casilla correcta y, cuando da la vuelta a la tarjeta, puede ver si la pinza está sobre la pegatina. De esta manera podemos crear fichas sobre numerosos temas: aprender la letra del principio de una palabra, hacer operaciones, encontrar la terminación correcta de un verbo, etc.

Códigos de colores

El control de error puede organizarse también con códigos de colores. Por ejemplo, para enseñar la geografía, los continentes y los países.

Los continentes y los países se colorean en la tarjeta con un color particular y todas las imágenes o fotos relativas a un continente o país serán pegadas sobre hojas del mismo color. 🔍 foto 18

Después, podemos reducir el número de «indicios» imprimiendo sobre hojas que tengan justo un ribete del color correspondiente, hasta retirar el color de la hoja y sencillamente poner una pegatina del color correspondiente al dorso de las fotos.

Estos colores pueden ser utilizados en numerosas asignaturas como la geografía, pero también en las ciencias; por ejemplo, para clasificar animales, plantas, árboles, etc.

Escogemos un color para los herbívoros, otro para los carnívoros, y uno más para los omnívoros, y pegamos las imágenes de animales según su régimen alimentario sobre unas hojas de colores.

Al principio, el niño va aprendiendo en función del color de la imagen; memoriza de esta manera quién pertenece a qué.

Después, usará las imágenes que tengan un ribete de color, lo que además le ayuda, le tranquiliza y le permite un aprendizaje progresivo.

Finalmente, le daremos un nuevo juego de imágenes sin código de colores. Las clasificará una vez más según lo que haya memorizado. El control de error se encontrará al reverso con una pegatina del mismo color que le permitirá, al dar la vuelta la tarjeta, ver si ha acertado y si fuera necesario, rectificar a la vez que reflexiona sobre las razones de su error.

Con esta técnica, aprende también a aprender, ¡algo excelente para su confianza!

Podemos igualmente utilizar este método para la gramática, especialmente para aprender la naturaleza de las palabras. Cada categoría puede representarse con una forma geométrica de un color particular. 🔍 foto 19

En Montessori el verbo es una esfera roja, el sustantivo un triángulo negro, el adjetivo un triángulo azul marino, el determinante un pequeño triángulo azul claro, etc.

Para empezar, escribiremos las palabras sobre unas etiquetas del color correcto, de tal manera que el niño tome consciencia de la naturaleza de la palabra por el color que también es simbólico. De este modo integrará fácilmente lo que es un verbo, un sustantivo, un adjetivo, etc. Poco a poco retiraremos el color, pero cuando el niño analice una frase escrita sobre una tira de papel, podrá encontrar al reverso de la frase los símbolos correspondientes.

▶ ¿Hay límites al control de error?

Obviamente, el control de error es a veces imposible; por ejemplo, en el estudio de las letras o las cifras.

En ese caso el profesor debe hacer prueba de mucha benevolencia y no decir nunca al niño: «Te has confundido» o «Está mal». Es importante que el profesor vuelva a decir el nombre de la letra o de la cifra enseñándolo al niña sin más. Si el niño se confunde de nuevo, es que todavía no está preparado y habrá que esperar un poco para presentarlo otra vez o tendremos que proponerle otro material.

Ciertos adultos piensan que el niño va a hacer trampas, sentirse tentado y querer ver las respuestas. Por lo general, no es nunca una actitud típica de un niño Montessori ni de un niño pequeño educado en casa con estas pautas. Lo hará únicamente si tiene miedo al fracaso, o si ha perdido la confianza en sí mismo, y si esto ocurre, es también un modo de aprendizaje, ya que mirará la respuesta pero intentará encontrarla usando el material. El hecho de mirar la solución de un ejercicio le tranquilizará y le ayudará a recobrar su confianza en sí.

3

El entorno

▶ Organizar el entorno

La organización del entorno en cada etapa del desarrollo del niño es un elemento esencial de la pedagogía o método Montessori.

Recordemos una sencilla verdad: la vida solo puede desarrollarse si tiene un entorno. La relación del hombre con su medio es vital.

De hecho esta planificación es una tarea muy importante de los padres en casa y de los educadores en la escuela, todo ello desde la más temprana edad.

El entorno bien ordenado permitirá al niño crecer en un espíritu totalmente sereno y sin estrés, lo que es indispensable para el desarrollo de la confianza.

El entorno del bebé tendrá que organizarse también para ofrecerle la oportunidad de concentrarse a partir de sus primeras semanas de vida. La atención continua y la voluntad están en el centro de todos los aspectos de la autoconstrucción del niño. Por tanto, hay que concentrarse sobre el desarrollo de sus capacidades desde el principio.

El niño que sepa concentrarse bien verá su vida facilitada en muchos aspectos: aprendizajes, conocimiento de su entorno, etc. Y desarrollará su confianza en sí.

El entorno tiene que crearse con la finalidad de conducir al bebé a la cima de sus capacidades, sin que por ello lo presionemos en sus descubrimientos o le propongamos cosas que no están a su nivel.

▶ La importancia del orden

Maria Montessori descubrió que durante los primeros años de su vida (entre 0-6 años), **el niño atraviesa periodos sensibles**, o sea momentos en los cuales su espíritu se encuentra más interesado por ciertas cosas y las absorbe de manera más fácil y duradera.

Por tanto, si el adulto es capaz de ofrecer al niño lo que necesita durante esos periodos concretos, este se encontrará fortalecido y desarrollará una sólida confianza en sí mismo y en el adulto.

La necesidad de orden forma parte de esas etapas sensibles que atraviesa el niño pequeño. En ese momento, precisamente el orden le tranquilizará y le permitirá construirse con confianza y serenidad.

Por ejemplo, en el caso del bebé, se le intentará dormir siempre en el mismo sitio, ya que adquirirá a través de sus movimientos involuntarios y su vista todavía poco desarrollada el conocimiento de un entorno familiar que le sosegará.

Al contrario, si se le acuesta sucesivamente en su cuna, en la cama de sus padres, en el suelo, esto le generará ansiedad por no tener puntos de referencia.

Orden significa igualmente rutina en las diferentes actividades que se le ofrece a lo largo del día. La rutina aporta al niño explicaciones que las palabras no pueden darle.

Los padres tienen que reflexionar antes de organizar el día y la noche de su niño, con el fin de implantar una rutina que se modifique lo menos posible en adelante.

Esta rutina tendrá que incluir todas las actividades del día: levantarse, el aseo, las comidas, las salidas, los momentos de jugar solo, jugar juntos, la música, la lectura de cuentos, acostarse, etc.

El niño necesita impregnarse de la sucesión de acontecimientos. De ese modo se sentirá tranquilo al saber que, después de la siesta, hay un momento de tranquilidad escuchando música y que después de la cena viene el rato del cuento con uno de sus padres.

El resultado obtenido es que el niño puede construirse libremente en relación con esas actividades, sabiendo siempre lo que ocurrirá después, evolucionando en toda serenidad.

▶ Los espacios de vida

Rutina y orden son indispensables en la disposición de los espacios en los cuales el niño va a crecer.

En su habitación, por ejemplo, tendrá que haber una zona dedicada al sueño, al juego, a la lactancia, a los cambios de pañales…

De esta manera el niño irá conociendo cada parte de su habitación y tendrá sus puntos de referencia. Lo que, una vez más, desarrollará su confianza porque el hecho de conocer su entorno es muy tranquilizador.

En ningún momento, sin embargo, hay que olvidar su seguridad. En cuanto empiece a desplazarse, tendremos que prestar especial atención a la seguridad de los lugares en los que evoluciona el niño. No debe existir ningún peligro, ningún riesgo. Lo mejor para ello es ponerse en la posición del niño, de ver a su altura y asegurarnos de todo. El menor accidente haría perder toda la confianza del niño en sí mismo, en el adulto responsable de él y en la vida.

El rincón de los juegos

Tiene que ser organizado con gran esmero por el adulto.

Es importante que el niño encuentre sobre unas estanterías, a su altura, cestas o bandejas sobre las cuales estarán instaladas las actividades correspondientes a su desarrollo y a las necesidades del momento. El niño debe poder acceder a todos los juguetes ofrecidos.
🔍⊕ foto 20

Estos no deberían ser demasiados y deben estar ordenados de la misma manera en el mismo sitio, con el objetivo de que el niño pueda encontrarlos siempre ahí donde piensa que están. Con esta disposición, el niño podrá ir fácilmente hacia las actividades que le son indispensables en relación con sus necesidades.

Cuando el bebé vaya a crecer, el adulto colocará en el área dedicada a los juegos nuevas actividades que irán a la par con el crecimiento de las habilidades del bebé. Por tanto, es importante que el adulto conozca bien la evolución general del niño en las cuestiones siguientes: el desarrollo motor, sensorial y de su mano, con el fin de prever actividades que cumplan con sus necesidades.

Todas estas actividades de estímulos bien ordenadas y preparadas por el adulto, a medida que progresa el niño le permitirán ganar confianza en él mismo y en el adulto que se ocupa de él. En efecto, tomará conciencia poco a poco de que el adulto está siempre dispuesto a presentarle cosas buenas en el momento adecuado. Sabrá igualmente que si le ofrecen esas actividades es porque están a su alcance y que, gracias a ellas, va a desarrollar capacidades necesarias como la motricidad fina, la concentración, el desarrollo de los sentidos, el conocimiento de su entorno, todo esto siendo esencial para su confianza en sí mismo y en sus capacidades.

Hay que evitar darle actividades demasiado difíciles, porque viéndose en la incapacidad de lograrlo, crecerá en él una gran frustración que le hará perder toda confianza durante un momento y todas las ganas de emprender.

Los sonajeros

Al principio (alrededor de los 2 o 3 meses de edad) los adultos, ya sean los padres en casa o los profesionales en los lugares donde se vaya a recibir a los pequeños, colocarán una cesta con sonajeros, inicialmente muy ligeros y fáciles de agarrar.

El primero de esos sonajeros es un pequeño cilindro de madera con dos campanillas en los extremos.

También podemos preparar un sonajero hecho de ganchillo blanco y negro. Este a su vez se agarra fácilmente y hace un ligero ruido cuando el niño lo sacude. El contraste entre el negro y el blanco permite al bebé verlo bien.

Existen asimismo numerosos sonajeros de madera.

Cuanto más se desarrolle la motricidad fina del niño, más sencillo será ofrecerle sonajeros muy variados, cuidando siempre los materiales y la estética del objeto.

Piensa en presentar sonajeros de diferentes texturas, pero hechos de materiales siempre nobles, como la madera, tejido (la lana) o el metal.

Existe un sonajero muy importante en nuestra pedagogía, es un **sonajero de plata.** 🔍 foto 21 Es adecuado por varias razones:

- El metal es un material al cual el bebé no está muy acostumbrado y que tiene un tacto y una temperatura diferentes de la madera o de la lana; permite desarrollar nuevas sensaciones en el niño.
- El metal es frío y por lo tanto agradable para el niño, cuyas encías le hacen daño durante el crecimiento de los dientes.
- Este sonajero puede ser agarrado de varias maneras por el pequeño lo que le hace más fácilmente manipulable.
- Puede rodar cuando está en el suelo dando ganas al niño de desplazarse para ir a buscarlo.
- Hace ruido cuando el niño lo sacude, lo que le hace darse cuenta de la relación entre causa y efecto. Esto es esencial para el desarrollo de su confianza, pues de esta manera toma consciencia de su efecto sobre las cosas.
- El bebé puede verse en el sonajero como en un espejo, lo que le permite tomar conciencia de su imagen, de su existencia como ser único y ver también reflejadas sus emociones.

Finalmente, para ayudar al niño a pasar un objeto de una mano a otra, le ofreceremos el sonajero compuesto de dos discos acoplados. Este último es esencial para ayudar al bebé en el desarrollo de esta capacidad motriz tan importante para alcanzar otras actividades.

Las pelotas

Otra cesta podrá contener pelotas de diferentes texturas que son también muy importantes para que el bebé desarrolle sus sensaciones en torno a diferentes materiales, dimensiones y agarres. 🔎 foto 22

Las pelotas, al tener que ir a buscarlas, se convierten incluso en un excelente medio para darle ganas de desplazarse.

Los libros

Es igualmente primordial instalar a la altura de los ojos del niño libros en blanco y negro al principio y luego en color. Esos libros deberán ser colocados de manera que se vean bien las portadas.

Hay que tener cuidado con poner demasiados libros y procurar cambiarlos a menudo, siguiendo los intereses del niño, pero también las estaciones y los acontecimientos que tengan lugar en su vida.

Los «imbucare»

Cuando el niño tenga la mano más desarrollada y en cuanto se pueda mantener sentado, instalaremos los «imbucare», esas cajas tan importantes en la pedagogía Montessori. 🔎 foto 23

Efectivamente, son esas cajas las que ayudan al niño a tomar conciencia de la «permanencia del objeto», es decir, que incluso si ya no vemos un objeto o una persona, ambos siguen existiendo. Este concepto es primordial para disminuir su estrés y desarrollar su confianza en él mismo. ¡Qué horror pensar que si ya no ve a su mamá o su papá, es que han desaparecido totalmente! El día en el que se da cuenta de que no, porque la persona ya no es visible, esta ha dejado de existir, ¡la vida es más tranquila!

La toma de consciencia de esta permanencia del objeto también ayuda mucho al desarrollo del vocabulario del niño, puesto que se da cuenta de lo siguiente: una vez que un objeto o cualquier cosa cuyo nombre conoce ha desaparecido, dicha cosa sigue existiendo y conserva el mismo nombre. Esto le refuerza en el hecho de que hay que aprender el nombre de todo lo que le rodea.

Podremos poner a disposición del niño, a medida que vaya progresando, toda una serie de «imbucare» con niveles de dificultad crecientes.

Los puzles

A continuación vendrán los puzles, al principio muy sencillos, luego cada vez más complejos, que desarrollarán el sentido visual del niño y su motricidad fina (el pequeño los cogerá por el botón de prensión).

En la pedagogía Montessori los puzles que estimulan positivamente las capacidades mencionadas anteriormente son los puzles de formas geométricas.

Los otros juguetes

Es importante que cualquier juguete esté recogido en cestas o cajas por categorías. No hay que ofrecerlos todos a la vez, sino más bien alternarlos según los intereses del niño.

Demasiada variedad perjudica su sentimiento de seguridad y por lo tanto su confianza.

Cuando el niño crece, un área será reservada a la granja, $\oplus$ foto 24 otro al taller de coches, otro a la casa de muñecas, otro al castillo, etc. Estos edificios se colocarán cada uno sobre su propia alfombrilla sobre la cual colocaremos también una cesta o una caja con los elementos relacionados con dicho edificio. Es importante limitar el espacio de cada una de estas actividades en la habitación o en la estructura de acogida.

Podemos considerar asimismo una cesta colocada sobre una alfombra dedicada a los instrumentos de música. Para el bebé podremos colocar maracas, huevos musicales, una pequeña pandereta y un xilofón. Es importante comunicar al niño que los instrumentos no se pueden pasear por toda la casa.

Cuando el niño vaya creciendo, usaremos cajas con los juguetes organizados por categorías; podremos pegar encima de la caja una etiqueta con el contenido del interior dibujado. Colocándolo todo bien, el niño más grande podrá escoger.

Evita todo lo posible el baúl de los juguetes en el cual echamos todos los juguetes de cualquier forma.

Piensa igualmente en ofrecerle una mesa y una silla a su altura para que pueda sentarse cuando tenga capacidad para ello.

El salón

El salón debe organizarse también para que el niño pueda tener sus actividades y desplazarse con toda seguridad. Podemos instalar una estantería a su altura con unas cuantas actividades, una cesta con libros, otra con unas alfombrillas sobre las cuales podrá jugar, ojear un libro o un pequeño sillón confortable para leer.

La cocina y el cuarto de baño

Hemos aludido a su disposición en el capítulo sobre la autonomía (ver p. 11).

En la escuela

Todo tiene que estar también perfectamente ordenado. Existen varias áreas en el aula Montessori:

- el área de vida práctica
- el área de vida sensorial
- el área de las matemáticas
- el área del lenguaje
- el área de la cultura

Cada espacio tiene que estar perfectamente acotado y el material ordenado.

Es importante reflexionar bien sobre la organización de la clase antes del arranque del curso escolar, ya que no se deberá modificar durante todo el año. En efecto, el niño construye ahí sus puntos de referencia, sabe dónde se encuentra el material y eso le permite desenvolverse con libertad en ese espacio conocido.

Sobre las estanterías, el material debe ordenarse de lo mas fácil a lo más difícil, de izquierda a derecha y de arriba hacia abajo, al alcance y la vista del niño. foto 25

De esta manera, inconscientemente, se da cuenta de que cuando ya domina una actividad puede con toda seguridad intentar seguir con la que se encuentra directamente a su derecha y será por lo tanto una actividad de su nivel. De esta forma el niño construye sus aprendizajes con toda libertad y tranquilidad, desarrollando su confianza en sí mismo.

▶ Las actividades de clasificación

Podremos aprovechar esta etapa sensible del orden para reforzar más esta noción y permitir al niño tener una cabeza bien ordenada poniendo en marcha unas actividades de clasificación que él apreciará mucho a esa edad. «Ordenado en su cabeza, ordenado en su vida».

La clasificación es una actividad con la que el niño tendrá varios elementos que ordenar, según unos criterios muy precisos.

Cuando es pequeño, a partir de los 2 años, podremos proponerle sobre las estanterías varias bandejas de clasificación. Al principio, es importante que la clasificación se haga con un solo criterio: si proponemos una clasificación según el color, todas las formas serán semejantes, si es una clasificación por formas, los colores serán iguales. **En efecto, Maria Montessori observó que era esencial enfrentarse a una sola dificultad a la vez y aislar dicha dificultad.** Esto es primordial para no poner al niño en situación de fracaso, sino al contrario, permitirle incrementar su forma de razonar. El razonamiento es una facultad esencial para el desarrollo de la confianza, porque permite reflexionar por uno mismo y encontrar soluciones a cualquier problema.

Estas clasificaciones también amplifican mucho el sentido de la observación, la concentración y la vista. Todas estas competencias son indispensables para el crecimiento de la confianza en uno mismo.

Este tipo de actividades pueden implementarse con niños de cualquier edad, porque cuanto más crezcan más precisas pueden ser las clasificaciones.

Bandeja «Clasificación de los botones»

🔍 foto 12

Material

Sobre una bandeja

- Un recipiente con unos botones exactamente idénticos en términos de forma, decoración, etc., y variando el color: 5 botones amarillos, 5 botones rojos, 5 botones azules
- 3 pequeños cuencos: uno amarillo, uno rojo, uno azul

Presentación

- Propón al niño hacer la actividad contigo.
- Coge la bandeja y ponte en una mesa.
- Pon el recipiente donde se encuentran todos los botones.
- Coloca debajo del anterior recipiente los cuencos alineados horizontalmente.
- Coge un botón con «la pinza de tres dedos» y, en función de su color, deposítalo en el cuenco con el color correspondiente.
- Propón al niño seguir con la actividad solo; déjale hacer.
- Cuando haya metido todos los botones en todos los cuencos, enseña el recipiente principal vacío. Esto es importante para que entienda que la actividad ha terminado cuando dicho recipiente está vacío sin que tengamos que decírselo.
- Vierte de nuevo el contenido de los cuencos en el recipiente principal, para que el niño siguiente encuentre la bandeja en su estado inicial.
- Dile al niño que puede hacer esta actividad tantas veces como quiera.

Variantes

- Si no tenemos cuencos de diferentes colores, los podemos escoger blancos y pegar en el fondo una pegatina del color de los botones.
- Podemos escoger después botones del mismo color, pero cuya forma varíe. Para esta actividad depositaremos un botón con una forma diferente en cada cuenco.

> **IMPORTANTE**
>
> Para clasificar pon el mismo número de objetos de cada categoría. Es una manera, en cierto modo, de aplicar un control de error.

Las bandejas de clasificación pueden cambiarse en función de las estaciones:

- En otoño: clasificar avellanas, nueces, castañas.
- En invierno: clasificaciones de figuritas de copos de nieve de diferentes medidas, bolas de decoración de Navidad de diferentes colores.
- En primavera: clasificar flores con las misma forma pero de colores diferentes (tulipanes) clasificaciones relacionadas con la Semana Santa…
- En verano: clasificar conchas.

Incluso en ciencias podremos organizar varias actividades de clasificación.

Bandeja «Clasificación de frutas y hortalizas»

Material

Para los más pequeños, busca unas figuritas de frutas y hortalizas.

Una bandeja en la cual encontraremos:

* Un recipiente grande con seis frutas y seis hortalizas
* Dos cuencos pequeños

Presentación

* Propón al niño que vaya a hacer la actividad de clasificación de frutas y hortalizas contigo.
* Coge la bandeja y colócala sobre la mesa.
* Pon el gran recipiente arriba.
* Debajo, de izquierda a derecha, coloca los otros cuencos.
* Pregunta al niño si conoce el nombre de todos los elementos que se encuentran en el gran recipiente (anteriormente le habrás explicado la diferencia entre una fruta y una hortaliza).
* Dile: «Ahora, vamos a clasificar en este cuenco las frutas y en el otro las hortalizas».
* Coge un elemento, pregúntale qué es lo que es: «Es un plátano», luego precisa: «el plátano es una fruta y por lo tanto lo vamos a poner en este cuenco».
* Proponle seguir solo.
* Al final, cada cuenco debe contener el mismo número de elementos. Se puede poner una pegatina bajo cada fruta, hortaliza y bajo cada cuenco correspondiente, permitiendo al niño verificar la actividad solo.

- Vuelve a poner todas las hortalizas y frutas en el recipiente central.
- Ofrece al niño rehacer la actividad tantas veces como él lo desee.

• •

Clasificación de imágenes

🔍⊕ foto 26

A continuación podemos hacer la misma clasificación con imágenes en cuyo reverso habremos pegado una pegatina para el control de error.

Material

- Una cesta o una caja
- Seis imágenes de frutas
- Seis imágenes de hortalizas
- Una etiqueta sobre la cual habremos escrito «frutas» o dibujado una para los que no saben leer y una pegatina de colores al reverso
- Una etiqueta sobre la cual habremos escrito «hortalizas» o dibujado una para los que no saben leer y una pegatina de colores al reverso

Presentación

- Propón al niño hacer la actividad de clasificación contigo.
- Llévate la cesta o la caja contigo sobre una mesa o una alfombra.
- Coge la etiqueta en la que está escrito «frutas».

- Dile al niño: « Está escrito "frutas", vamos a poner la etiqueta arriba y pondremos por debajo todas las imágenes de frutas».
- Coge la etiqueta en la que está escrito «hortalizas».
- Dile al niño: «Está escrito "hortalizas", vamos a poner la etiqueta arriba y pondremos por debajo todas las imágenes de hortalizas».
- Coge una imagen, pregúntale lo que es y luego si es una fruta o una hortaliza.
- En función de su respuesta, coloca la tarjeta con la imagen debajo de la tarjeta rotulada correcta.
- Una vez terminado el ejercicio, propón al niño darle la vuelta a las tarjetas para efectuar el control de error.

Estos ejercicios son muy diversos. Podemos proponer clasificaciones de:

- animales domésticos/animales salvajes
- animales de la granja/animales de la sabana
- reptiles/anfibios
- machos/hembras
- peces/mamíferos, etc.

4

El papel del adulto

▶ Un modelo

El niño aprende observando lo que sucede a su alrededor; el educador por tanto es un modelo para él, cuya imagen el niño va a copiar en él. No olvidemos que cada ser humano necesita un modelo para construirse.

El descubrimiento de «las neuronas espejo» del cerebro dan todavía más poder a esa noción de modelo del adulto para el niño.

El adulto, al formar parte integral del entorno del niño, deberá tener un cuidado muy especial en su manera de ser, en su carácter, en las emociones transmitidas por él, en la manera de comunicarse con el niño y en su actitud en general ante la vida.

Cuando el adulto es ordenado en su vida cotidiana, permite al niño experimentar la disciplina a través de sus pensamientos y de sus acciones. Resumiendo, el orden mental del adulto es visible por el niño y este último se lo puede apropiar para sí mismo.

Maria Montessori decía que el papel del adulto era introducir gradualmente el niño en un universo basado en el orden y los límites, aplicando los principios siguientes:

- un adulto preparado
- un entorno preparado
- la libertad con responsabilidades

El orden y la rutina

Tal y como está escrito en el capítulo sobre «el entorno», la constancia de la rutina establecida por el adulto es esencial para que el niño entienda lo que esperamos de él. El niño no tiene las capacidades para entender los cambios en una rutina y las razones de dicho cambio, lo que le lleva a un estado de estrés.

Esta rutina y esos rituales que el adulto va a poner en marcha van a ser muy importantes para él. Cuantas más rutinas y rituales haya en los tres primeros años, más cómodo se encontrará el niño, relajado y en armonía con su ritmo cotidiano.

Será importante comunicarle al niño lo que va a suceder después, eso ayudará mucho a establecer su confianza en el mundo, sentirse seguro y desarrollar su confianza en sí mismo.

La importancia de la preparación del entorno

Para Maria Montessori, la acción principal que podemos ejercer sobre el niño se hace a través del entorno preparado que organizaremos para él. Hacerlo tendrá un papel considerable en el desarrollo de la confianza del niño.

El adulto deberá, por tanto, tener siempre preparado material con el control de error por las razones aludidas en el capítulo correspondiente, así como poner gran esmero y cuidado en la manera en la que preparará o escogerá el material puesto al alcance del niño de cualquier edad.

Por esta razón, deberá ofrecer al niño un entorno en el cual este podrá disfrutar de numerosas experiencias sensoriales organizadas. Es el caso de las aulas Montessori donde el material está diseñado para ayudar al niño en su exploración sensorial.

Gracias a ese material los sentidos se perfeccionan y permiten al niño explorar su entorno hasta en el menor de los detalles, con el fin de entenderlo mejor, encontrar su sitio y desarrollar la confianza en sí mismo. El adulto debe por tanto animar al niño a explorar y sobre todo no interferir.

El adulto tendrá que preparar el material puesto a disposición del niño con el mayor cuidado posible. Efectivamente, las bandejas de vida práctica, por ejemplo, que se encuentran a su alcance deberán siempre mantener un carácter estético para alentar el gusto de las cosas bonitas en el más pequeño.

Antes de cualquier presentación de material, el adulto se ejercitará haciendo la actividad para ver si es realizable. Por ejemplo, cuando diseñamos un ejercicio para trasvasar semillas con una cuchara, es necesario verificar que todas las semillas pueden ser recogidas por la cuchara.

Cuando preparemos el ejercicio de la pinza, es igualmente imperativo probar bien la pinza para asegurarnos de que es manejable para la mano más pequeña de un niño según su edad y desarrollo.

Ejercicio de las pinzas

Material

Sobre una bandeja

- Un recipiente con semillas (o bien semillas gordas tipo garbanzos, o bien semillas finas como lentejas, en función del desarrollo de la mano del niño)
- Un recipiente idéntico al otro pero vacío
- Pinzas

Presentación

- Invita al niño a hacer la actividad de verter semillas contigo.
- Vete a buscar la bandeja de la estantería y déjala sobre la mesa.
- Coloca bien el recipiente con las semillas a la izquierda con el fin de hacer el movimiento de izquierda a derecha, lo que es una preparación al sentido de la escritura.
- Muestra que coges el utensilio con tres dedos, a modo de pinza.
- Coge una semilla y déjala despacio en el recipiente vacío.
- Sigue así hasta que todas las semillas estén trasvasadas.
- Puedes también pedirle al niño durante la actividad si quiere continuar por sí mismo.
- Vuelve a colocar el material en su estado inicial, o bien reorganizando la bandeja o bien haciendo el ejercicio a la inversa.

Las actividades, un verdadero estado de ánimo

Toda actividad deberá ser muy pensada y estructurada (siempre será presentada de la misma manera) con el objetivo de ayudar al niño a

1. Bebé con pelota de prensión

2. Bebé con móvil suspendido

3. Bandeja para lavar hortalizas

4. Bandeja para pelar hortalizas

5. Bandeja para cortar hortalizas

6. Disposición de la cama sobre el suelo

7. Muebles del cuarto de baño

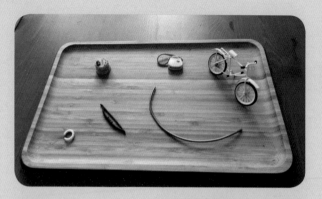

8. Objetos para los juegos de los sonidos

9. Bandeja para hacer ramos

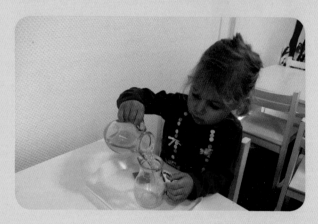

10. Bandeja para servir agua

11. Bandeja para los trasvases con una cuchara

12. Bandeja para la clasificación de botones

13. Ficha de suma

5853
+ 3249

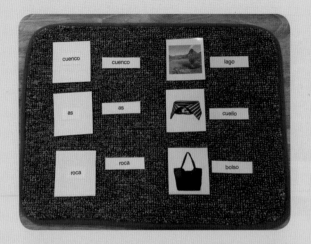

14. Tarjetas de lectura con autocorrección

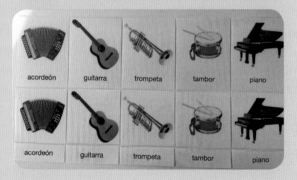

15. Tarjetas de nomenclatura

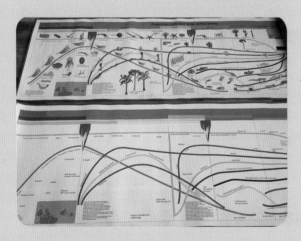

16. Frisos

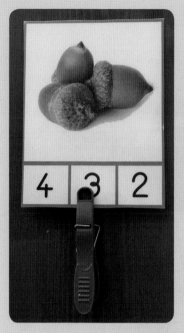

17 y 17 bis. Control de error con la
pinza de la ropa

18. Los ficheros de colores

19. El análisis de las palabras

20. Organización del rincón de juegos

21. El sonajero de plata

22. Una cesta con pelotas

23. Una caja
    Imbucare

24. El rincón de
    la granja

25. Una estantería
    de vida práctica

26. Imágenes para la clasificación de frutas y hortalizas con las fotos

27. Ficha de seguimiento del niño

Colegio Montessori Athena, curso 2015/2016

Nombre del niño:

HABILIDAD PRÁCTICA	1.ª fecha	Logro	2.ª fecha	Comentarios
1.- Saludar				
2.- Ofrecerle algo a alguien				
3.- Indicar que uno no se encuentra disponible				
4.- Saber dónde buscar ayudar				
5.- Sortear una alfombra ocupada				
6.- Llevar su silla				
7.- Hacerse cargo de una mesa				
8.- Colocar su silla sobre la mesa				
9.- Responsabilizarse de una pizarra / una papelera				
10.- Limpiar el polvo				
11.- Barrer				
12.- Desenrollar y enrollar una alfombra				
13.- Cepillar una alfombra				
14.- Abrir y cerrar una puerta				
15.- Abrir y cerrar una ventana				
16.- Abrir y cerrar un cajón				
17.- Escurrir una esponja				
18.- Enroscar y desenroscar una tuerca				
19.- Abrir y cerrar un candado				
20.- Abrir y cerrar pinzas de la ropa				
21.- Abrir y cerrar cajas				
22.- Abrir y cerrar frascos				
23.- Doblar un pañuelo				
24.- Plegar un papel				
25.- Cortar papel				
26.- Trasvasar líquidos				
27.- Verter arroz, arena, agua				
28.- Sacar brillo				
29.- Limpiar un espejo				
30.- Recoger la mesa				
31.- Hacer la colada				
32.- Cambiarle el agua a las flores				
33.- Cuidar de las plantas				
34.- Lavarse las manos				
35.- Limpiarse los zapatos				
36.- Coser				

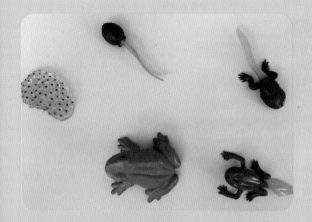

28 y 28 bis. El ciclo de vida de la rana

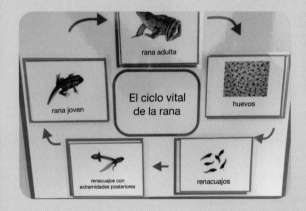

rana adulta

rana joven

El ciclo vital de la rana

huevos

renacuajos con extremidades posteriores

renacuajos

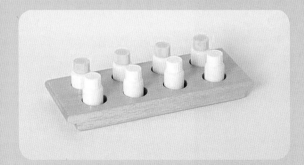

29. Los frascos de olores

29. La caja
de sonidos

30. Los cochecitos

32. Un cubo
de prensión

33. La bolsa
    de los misterios

34. Las telas

35. El espejo y
    la barra de
    braquiación

36. El pórtico

37. Las varillas

38. La bandeja para utilizar una pinza de depilar

39. Las campanas Montessori

40. Una cesta de objetos reales

41. Una bandeja con figuritas para emparejar

maíz   zanahoria   brócoli

42. Una bandeja con objetos y sus tarjetas correspondientes

Kandinsky (Vassily)

Klimt (Gustav)

Composición n.º 8

El beso

43. Las tarjetas de artistas para el desarrollo del lenguaje.

pensar con lógica y organización, y hacerse consciente del resultado de sus acciones.

El material diseñado tendrá que ser adaptado, pequeño y ligero para que las actividades sean factibles.

Cuando el adulto lo tenga todo bien planificado y haya pensado en cada detalle de la actividad organizando la bandeja, repetirá varias veces la actividad y de esto modo podrá crear un ciclo para el niño.

Mientras el niño es todavía pequeño, introduciremos una actividad y la practicaremos varias semanas hasta que esté bien integrada. Si el adulto se da cuenta de que el niño no hace correctamente la actividad, habrá que cambiarla.

Las actividades tendrán que progresar en dificultad de manera gradual, a medida que el niño crece y avanza.

El adulto preparará muy cuidadosamente su presentación al niño para que no haga la actividad de manera inapropiada.

Esta presentación debe hacerse de forma muy lenta y metódica, con breves pausas después de cada etapa. El niño quiere imitar pero no está todavía preparado del todo; por tanto, se va a apoyar sobre la costumbre y la repetición.

Por eso es muy importante presentarle siempre las cosas de la misma manera y en el mismo orden, esto le permite memorizar. Tras la presentación, le tocará al niño, lo invitarás a realizar la actividad. Es importante en ese momento observar para ver si lo está haciendo correctamente y ayudarle si fuera necesario.

Recordemos siempre que el niño está más interesado por el procedimiento que por la meta.

Si la actividad resulta demasiado complicada para él, hay que retirarla discretamente diciéndole que se la volveremos a presentar más tarde. ¡Cuidado sobre todo con no vejarlo, lo que perjudicaría considerablemente su confianza!

El adulto tiene que estar dispuesto a presentar varias veces la actividad al niño; para ello es indispensable ser muy paciente. Hay que evitar presionarle; al contrario, tenemos que aprender a darle la ayuda necesaria y después dejarlo trabajar a su ritmo en su perfeccionamiento.

El ánimo con el cual se practican las actividades con el niño, sea cual sea su edad, es la clave del éxito de estas últimas. ¡Evita mostrar impaciencia y desánimo! Hazlo siempre con alegría y entusiasmo.

Cuando estás realizando una actividad con un niño, tienes que estar al cien por cien con él y no querer hacer varias cosas a la vez.

Es necesario no verbalizar demasiado. No lo felicites mientras está actuando, su concentración es todavía frágil y le sería difícil retomar su actividad después de haber sido distraído. ¡Incluso los ánimos pueden desconcentrarle atrayendo su atención hacia el adulto!

Finalmente, cuidado, un niño pequeño no sabe decir que está cansado, que está harto o que ya no consigue concentrarse: el adulto tiene que estar muy atento a las señales y proponer posponer la actividad.

▶ Una dedicación en todo momento

Estar a la escucha

La actitud del adulto que se ocupa de un niño es verdaderamente primordial: tiene que tener siempre una palabra de aliento, una sonrisa para todos.

En el aula tiene que estar atento a cada niño, detectar el niño que no lo logra, el que se queda inactivo, acercarse despacio y ofrecerle un trabajo adaptado, enseñándole cómo se usa el material.

También en la clase el adulto debe hacer un seguimiento de cada niño y saber en qué punto está, apuntando sus necesidades, y estando ahí cuando lo necesite.

El educador no debe interrumpir ninguna actividad y así los niños podrán desarrollar sus cualidades innatas. Por supuesto, tiene que estar atento a no hacer nada que les presione o les denigre.

El adulto no debe tampoco imponer las tareas de manera arbitraria. Debe respetar al niño, porque este sabe lo que es bueno para él.

Es necesario que el adulto también sea consciente de que cada niño es diferente y de que no hay que hacer nunca comparaciones entre hermanos y hermanas o entre alumnos de una misma clase. Cada niño tiene su desarrollo, que sigue a grandes rasgos unas líneas idénticas, pero que se puede hacer en un orden o en otro. Por ejemplo, un bebé puede poner toda su energía en el desarrollo motor mientras que otro lo hará en la observación de todas las cosas. Hay que respetar siempre estas diferencias y aceptar con alegría al niño tal y como es. Un niño al que empujamos hacia un aprendizaje no apropiado perderá en ese momento la confianza en sus capacidades. El adulto, ante todo, observa y tiene que hacerlo sin prejuicios y de manera totalmente objetiva, sin tener en mente lo que quisiera ver. Maria Montessori decía que el adulto debe deshacerse de sus prejuicios y de sus conocimientos para estar enteramente disponible para la escucha y la observación del niño.

El papel principal que tiene el adulto con los niños es el de buen observador, con el fin de estar siempre dispuesto a preparar el entorno en función de la fase de desarrollo en la que se encuentra el niño.

Con el propósito de ayudarnos en esa tarea, podemos mantener unas fichas como esta. 🔍⊕ foto 27

La autoridad

Todo castigo está proscrito en una pedagogía o un modo de educación que desea desarrollar la confianza del niño en sí mismo. De hecho, Maria Montessori decía que los niños tienen un sentido profundo de la dignidad y, si los adultos no lo tienen en cuenta, su alma puede ser herida hasta un punto inimaginable.

La dignidad de los niños debe ser un principio director en la formación de las personas que desean ocuparse de ellos.

El adulto deberá instalar un marco moral en el que el niño podrá evolucionar libremente. Los límites exteriores son necesarios en todos los ámbitos hasta que el niño los haya interiorizado y pueda controlar sus acciones.

Es un largo proceso de autoformación para el niño. Los padres deben tener cuidado de no rechazar este aprendizaje por falta de firmeza. «No» debe siempre significar «No». No puede significar «Pídemelo otra vez y quizás ceda» o «Grita, pégame, ten un berrinche, rompe algo y te daré lo que deseas».

En este ámbito, como en todos los demás, los padres deben pensar y planificar los límites que van a establecer para sus hijos.

Se dice a veces que el niño está en la etapa del «no», pero es sencillamente porque su entorno no ha sido organizado como se debe y los padres no paran de decirle «No, no toques», «No cojas eso», «No, no hagas eso», etc.

Un niño que encuentra límites instaurados de manera muy pensada e inteligente por los adultos sabrá que puede apoyarse en ellos y desarrollará de ese modo, una vez más, su confianza en sí mismo.

La confianza

El adulto debe transmitir que tiene plena confianza en el niño, porque, una vez más, el niño va a impregnarse de esa confianza y ser atrevido. Si el entorno ha sido preparado de manera adecuada, el pequeño tendrá éxito y podrá seguir su desarrollo con toda libertad.

Maria Montessori decía que la verdadera educación por parte del adulto tiene que consistir en sacar a la luz todo el potencial del niño y no en inculcarle por las buenas o por las malas los conocimientos que quiere imponerle. El adulto debe ser de esta manera un revelador y no un ahogador.

UNAS REGLAS A SEGUIR

Resumiendo, a continuación exponemos unas reglas muy importantes a seguir por quien se ocupe de los niños en los cuales deseamos fomentar la confianza:

- Tener un cuidado escrupuloso con el entorno: claridad, orden, limpieza, etc.
- Poner al niño en contacto con lo que le rodea y luego retirarse.
- Observar al niño, estar al acecho de sus necesidades.
- Estar a la escucha y contestar rápidamente a una llamada del niño.
- Respetar al que está trabajando y no interrumpirle.
- Corregir con respeto.
- Proponer constantemente actividades nuevas.
- Ser el alma silenciosa en el aula o en casa, una presencia dulce y cariñosa.
- Estar ahí para los que buscan, saber desaparecer del camino de los que ya han encontrado.

Evitar el estrés

El adulto debe velar para que cualquier razón de estrés sea eliminada en un niño en pleno desarrollo ya que el estrés es una barrera para ganar confianza en uno mismo.

De esta manera, se trata, nada más nacer, de responder a todas las necesidades del bebé y sobre todo no dejarlo llorar.

El bebé más pequeño no tiene la capacidad cerebral de gestionar sus emociones: dejarlo llorar supone dejarlo vivir bajo un estrés extremo.

Al contrario, acariciarlo, tranquilizarlo, darle mimos, todo eso le ayudará considerablemente en el desarrollo de las capacidades necesarias para la gestión de sus emociones y le permitirá ganar confianza.

En esa línea de reducción de estrés y de culpabilidad, es importante que el adulto no lleve al colegio sus problemas personales.

Lo he vivido personalmente varias veces. Cuando llego un poco desanimada por una preocupación, cada vez que un niño, quizás más sensible que los otros, viene a verme y me dice: «Sylvie, ¿qué te pasa hoy que no estás como de costumbre?» o si estoy un poco enfadada: «Sylvie, hoy estás un poco nerviosa, no nos hablas como los otros días». El niño no puede en tal caso dedicarse a su desarrollo, porque está perturbado por esas interferencias procedentes del adulto.

En ocasiones, por supuesto, esto nos puede ocurrir pero es esencial explicarlo al niño para que, sobre todo, no se culpabilice y pueda volver a su trabajo. De esta manera, el niño que tiene tendencia a responsabilizarse de nuestro estado de ánimo, podrá con toda tranquilidad retomar sus actividades.

Tener cuidado con las palabras

Nunca podremos evitar un chichón o una caída al niño, incluso garantizando la mejor seguridad posible. Sin embargo, nuestra reacción en relación con estos pequeños va a ser extremadamente importante, para que no pierdan su confianza en sí mismos y para que sigan atreviéndose a «conquistar el mundo».

Cuando vemos caer a un niño, es imperativo trabajar sobre nuestra reacción, que consistiría en precipitarse sobre él y levantarlo del suelo muy rápidamente para estrecharle en nuestros brazos. Nuestras palabras tendrán igualmente un efecto muy importante.

Lo mejor, obviamente, en función de la gravedad de la caída, es dejarlo durante unos instantes que se recupere: el niño necesita entender lo que acaba de pasar. Después, ve tranquilamente hacia él, ponte de cuclillas a su altura y dile palabras reconfortantes. Podemos también sentarnos y darle un mimo, un abrazo. Si el niño está realmente asustado, estará mejor sentado sobre las rodillas. En la mayoría de los casos, el niño va a tranquilizarse rápidamente y seguir con la tarea que tenía entre manos.

Es muy importante tomarse en serio la herida del niño de una manera tranquila y empática, mostrándole que estamos muy preocupados… pero no de manera excesiva.

El lenguaje empleado es esencial en tales situaciones.

Contentarse de un «¡Oh, cariño!» no es muy productivo, pero fácil de decir con un tono calmado y una voz cariñosa, sobre todo sin crítica. Palabras semejantes combinadas con un mimo cariñoso funcionan a menudo muy bien.

«¡Ay! ¡Vaya golpe te acabas de dar!» Este tipo de frases son muy convenientes durante una caída mientras el niño está trepando, por ejemplo. Mantén la calma y acaricia a tu niño. No le preguntes si está bien, porque el niño a esa edad no es capaz aún de explicar esas cosas.

«¡Te ha tenido que doler!» Este tipo de frase es apropiada para una caída importante. Una vez más dale un buen mimo, un abrazo hasta que decida rechazarte. Sobre todo no tires de tu niño para cogerlo en tus brazos. Baja hacia él.

En cambio, hay que evitar absolutamente las frases del tipo:
- «¡Oh, ya está! No tienes nada, ¡no llores!»
- «No llores, ¡los niños grandes no lloran!»
- «¡Tu hermano mayor no lloró cuando se cayó de su bici!»

Desarrollar las responsabilidades

Para el desarrollo de la confianza en uno mismo, es importante dar responsabilidades al niño en cuanto pueda asumirlas. Puede empezar por tareas muy sencillas como lavarse solo, recoger su ropa, dejar la ropa en la cesta de la ropa sucia, recoger sus juguetes, etc. Después, cuando el niño crece, podemos darle más. Asumir responsabilidades da confianza al niño. Por supuesto, hay que adaptarse a su edad y a su desarrollo.

En las aulas de Educación Infantil Montessori, los alumnos escogen responsabilidades dentro de una selección decidida por el docente, como por ejemplo:
- recoger los zapatos
- recoger los abrigos
- recoger el aula
- pasar lista

- regar las plantas
- ocuparse del animal
- recoger las sillas
- dar el toque de campana que informe de las reagrupaciones
- dar un toque de campana o de otro instrumento cuando la clase es demasiado ruidosa...

La libertad

Para construirse bien a uno mismo y desarrollar la confianza indispensable para convertirse en un adulto feliz, el niño pequeño necesita libertad.

Pero cuidado, como decía Maria Montessori: «Tenemos que ser muy claros sobre el sentido de esa libertad. Libertad no significa hacer todo lo que uno quiere: significa más bien ser capaz de satisfacer sus necesidades vitales sin depender de la ayuda directa de otro».

Maria Montessori había observado que todo niño nace con una disciplina interior que solo puede realizarse si los adultos le dan los medios. El adulto debe por tanto apoyar al niño con el fin de poder desplegar esa disciplina interior y alcanzar la libertad resultante.

Únicamente a través de su libertad de acción y de movimientos, el niño podrá conseguir ser él mismo y adquirir una verdadera confianza en sí mismo.

«Libertad» no significa «permitir hacer cualquier cosa»: la libertad es únicamente posible dentro de un marco y la puesta en funcionamiento de ese marco es responsabilidad del adulto.

La implementación por parte del adulto de ese entorno preparado va a permitir al niño desarrollarse: es indispensable que todo esté dispuesto con el fin de que el niño pueda desplazarse libremente, tener acceso a sus actividades en toda libertad, etc.

Sin embargo, el niño no tiene derecho a utilizar el material puesto a su disposición de cualquier manera: no puede desviar el material de sus objetivos.

Asimismo, antes de manipular una bandeja que le hemos preparado, es absolutamente necesario hacerle una presentación precisa de ella. Por tanto, no hay que colocar la actividad sobre su estantería hasta que no le haya sido presentada.

Del mismo modo, si el adulto piensa que el mejor sitio para ejecutar una actividad es la mesa o la alfombra, el niño no tendrá la posibilidad de hacer ese trabajo en otro sitio. No puede llevarse la bandeja con él a donde quiera.

Hay que pedir también al niño, cuando pueda hacerlo, que recoja sus juguetes, sus libros, sus actividades etc. Obviamente, al principio, el adulto le acompañará para que no sea demasiado difícil, pero poco a poco es importante que el niño recoja lo que ha utilizado él solo.

Es importante igualmente que el niño sepa que las comidas se toman en sitios concretos, que se comen sentado en la mesa. Ese respeto de las cosas (el qué, el cuándo y el dónde) le proporciona al niño una estructura y unas oportunidades de entender los límites de la disciplina.

De esta forma el niño puede gestionar su libertad en el marco creado por los adultos que se ocupan de él.

«Gracias a la libertad que goza en un ambiente Montessori, el niño tiene todas las oportunidades para reflexionar sobre sus actos, meditar sobre las consecuencias para sí mismo y para los otros. Se enfrenta a los límites

de la realidad. La posibilidad de acceder al conocimiento de sí mismo es una de las consecuencias más importantes de la libertad otorgada en un aula Montessori». (Maria Montessori)

La libertad debe existir pero tiene sus límites:

- El niño dispone de la libertad de movimientos: se permiten los movimientos en la medida que no molesten a los otros niños.
- El niño dispone de la libertad de hablar, con la condición de no molestar a la concentración ajena y si la persona a la cual se dirige está disponible y puede escucharle.
- El niño dispone de la libertad de comer y de beber, pero se le explica que lo que está puesto a disposición está hecho para ser compartido, puede comer su parte pero no la de sus compañeros de clase.
- El niño dispone de la libertad de no trabajar, es libre de sentarse y de no hacer nada en la medida en la que no molesta a los que están trabajando. Puede desplazarse en la clase, pero sin molestar a sus compañeros.
- El niño dispone de la libertad de salir fuera: para ello el adulto debe preparar el espacio al exterior de tal manera que sea atractivo y seguro. El niño debe poder observar la naturaleza, cuidarla, o poder ir y llevar a cabo una tarea (cuidar de los animales, por ejemplo). Esta libertad es totalmente factible si se ha acondicionado debidamente el exterior.
- El niño tiene la libertad de escoger una actividad y repetirla tantas veces como lo desee; para ello el adulto debe tener el material organizado para que el niño acceda a ello fácilmente. Debe saber también usar dicho material. Sabiendo que solo hay un ejemplar de cada actividad en el aula, se establece un primer límite a la libertad de elección. En efecto, si la actividad ya es usada por otro niño, el niño no se la puede apropiar, debe esperar su turno. Un segundo límite aparece por el simple hecho de que el niño no debe estropear el material y no puede perder las piezas. Cuando ha escogido una actividad, el niño la puede usar toda la mañana

o incluso todos los días si así lo desea. Su único límite es que haga un buen uso de ello y no moleste a otro niño.

- El niño tiene la libre elección de su actividad, pero, una vez haya escogido, tiene la obligación de realizar la actividad correctamente hasta el final y de volver a colocarlo en su sitio.
- Si el niño desea trabajar en el suelo, lo hará encima de una alfombra que fijará los limites de su libertad. Sobre esa alfombra realiza sus actividades y ningún otro niño puede intervenir. Del mismo modo que el niño no podrá interferir con lo que está ocurriendo en la alfombra de otro niño.

«Los niños nos lo enseñan: la libertad y la disciplina van siempre juntas, son dos aspectos de una misma cosa y donde falte disciplina, la libertad no es perfecta. La voluntad y la obediencia van de la mano, puesto que la voluntad aparece primero y la obediencia llega más tarde, apoyándose en ella. La libertad es esencial a la verdadera obediencia, la que es resultado de la elección y no de la coacción; por tanto, es primordial en el aprendizaje de la voluntad». (Maria Montessori)

5

Conocer el mundo

▶ Encontrar su sitio descubriendo

Un aprendizaje esencial

Maria Montessori explicaba muy bien que es indispensable dar al niño el mayor y mejor conocimiento del mundo en el que vive. Efectivamente, a menudo tenemos miedo de lo que no conocemos, lo que dispara reacciones de rechazo, intolerancia y pérdida de confianza en uno mismo.

Al contrario, cuanto más conocimientos obtenga sobre el mundo, sobre historia, el niño tendrá más confianza y encontrará mejor su sitio.

A propósito de esto, es interesante notar que desde que está en el vientre de su madre, el bebé asimila el mundo que le rodea.

En efecto, se ha descubierto que el gusto y los olores se transmiten por el líquido amniótico. Ciertos rasgos de la cultura del país donde vive la madre se transmiten de ese modo al bebé.

Más tarde, cuando esté en edad de entender, habrá que enseñar al niño historia, el origen del mundo, la sucesión de todo lo ocurrido antes de él. Eso le inculcará respeto por la Tierra sobre la cual vive, por todo lo ocurrido antes, por sus antepasados y una vez más, esto le permitirá situarse en el tiempo y desarrollar la confianza en sí mismo porque entenderá su ubicación en dicha cronología.

A través de todos esos conocimientos entenderá también el papel que le toca desempeñar en la Tierra, tomará conciencia de la importancia de sus acciones, de la su influencia sobre la naturaleza, sobre la continuidad de las cosas… Un niño que sabe cuál es su responsabilidad en relación con todo lo que le rodea desarrolla igualmente su confianza en sí mismo, porque sabe que tiene cosas que hacer y que su vida es útil para el mantenimiento de todo ese equilibrio alrededor suyo.

Por supuesto será necesario mostrarle la belleza de las cosas y ser optimista en nuestra presentación del mundo. Es imperativo no hacer vivir jamás al niño en el miedo, en la inseguridad, porque ese estrés perjudica considerablemente su confianza y sus ganas de crecer. Haciéndole sentir la belleza de la naturaleza, de los animales, de las flores, de los árboles, de las obras de arte realizadas por el ser humano es cuando tendrá ganas de jugar un papel importante en la conservación de todas estas maravillas.

Desde la más tierna edad

Cuando todavía es un bebé, el mundo en el que vive el niño tiene como límites las personas que se ocupan de él, después su habitación.

Tras ello vienen la casa, el jardín, la guardería, el lugar donde vive durante el día. Cuanto más crezca, más necesitará que le introduzcamos al mundo entero: el sol, la tierra, los continentes, los animales, las flores, las hortalizas, los insectos, los hábitats, los habitantes, etc.

De muy pequeño, cuando todavía no camina y sus manos aún no están totalmente desarrolladas, el bebé concibe y reconoce el mundo que le rodea con sus otros sentidos (la vista, el oído, el olfato y el gusto). Reconoce el olor de su madre, ve su cara, recuerda el sabor de la leche, oye las voces de su entorno, toca lo que tiene al alcance de la mano.

En esos momentos es importante que todo se mantenga muy estable. Durante los primeros meses de vida del bebé hay que evitar cambiar de perfume, de jabón o de crema hidratante, pues perturbaría su reconocimiento del mundo. No laves demasiado su peluche, su muñeco o su pañuelo preferido, ese objeto que el niño lleva consigo a todos los sitios, los olores que lo impregnan le tranquilizarán.

Cuando crece

Cuando vaya creciendo, recordemos que asimila el mundo a través de todos los sentidos y no únicamente con la vista o el tacto. Podemos entonces llevarle a la cocina por ejemplo, y hacerle sentir diferentes olores: las plantas aromáticas, un bizcocho horneándose, etc.

A medida que sus gestos ganan en precisión, el bebé va a descubrir las texturas y las formas de los objetos a veces con sus manos, a veces con su boca o con los pies.

Por tanto, es importante instalarle a menudo sobre una alfombra de actividades con diferentes texturas, pero también hacerle descubrir materiales que tenemos en casa (con la condición de vigilar que no se traga nada peligroso). El tacto es el que le va a permitir igualmente desarrollar la consciencia de su cuerpo y explorar su entorno.

Si la temperatura lo permite, está bien dejar al niño en pañales para que descubra las diferentes superficies con todo su cuerpo y no únicamente con su manos. Eso le permitirá desarrollar una consciencia corporal y contribuir al crecimiento de su motricidad global.

Más tarde, cuando crezca y empiece a rodar sobre sí mismo, irá apropiándose, solo, del mundo de su habitación. De ahí la importancia de dejarle dormir sobre un pequeño colchón a ras del suelo para que pueda justamente ir descubriendo ese espacio.

Luego saldrá de su habitación buscando la aventura en toda la casa. Asegúrate de la seguridad en todos esos espacios; el niño pequeño quiere probar, tocar, ver, sentir todo lo que encuentra en sus desplazamientos. Por tanto, hay que tener mucho cuidado con su seguridad, ya que su conocimiento de lo que le rodea le dará confianza en sí mismo, si no encuentra ningún peligro.

❱ Descubriendo la naturaleza

En casa

El descubrimiento de la naturaleza es una etapa crucial en el desarrollo del bebé y su conocimiento de lo que le rodea.

Piensa, por tanto, en el desarrollo de su conocimiento a través de su sentido de la vista: los móviles, las imágenes, etc. Es importante también colgar marcos a la altura de sus ojos con imágenes de la naturaleza. De la misma manera, podemos pegar en la pared pegatinas que formen un árbol con las hojas, pájaros, etc.

Es importante presentarle lo más pronto posible numerosos libros: abecedarios para que aprenda las palabras, libros de paisajes, de viajes, de arte, de animales, de colecciones de mariposas, de flores, árboles, etc. Son libros que van a permitirle tomar consciencia de la riqueza de la naturaleza y del talento creativo de los artistas.

Si es posible, es conveniente instalarle la alfombra de actividades cerca de una ventana por la cual el bebé podrá observar la naturaleza y todos sus cambios.

Al exterior

Salir al exterior es igualmente esencial y le enseñará mucho. El soplo del viento sobre su piel, el canto de los pájaros, las hojas que se mueven a la merced del viento, todos los ruidos del exterior, el agua de una fuente o de un río, todas esas cosas que irá apropiándose poco a poco y le serán tan habituales que tendrá total confianza cuando salga al exterior.

Si tenemos la suerte de tener una granja por los alrededores, está bien llevar al niño a verla e incluso tocar los animales.

He aquí un testimonio de una mamá a propósito de su niño pequeño de 4 meses.

«Los animales…, le encantan los animales. Está cautivado, si pudiera caminar, pobres. Ya lo veo corriendo detrás de ellos. Les grita, los golpea, los apretuja (demasiado quizás) e intenta lamerlos… ¡muy útil para los anticuerpos! Menos mal que los animales son tranquilos. Sin embargo, le impresionan los caballos, no creo que les tenga miedo pero no los toca de la misma manera. No intenta cogerlos. Es tan bonito».

Cuando lo llevas de excursión, piensa en hacerle sentir la naturaleza a través del tacto (teniendo mucho cuidado con su seguridad): tocar la corteza de un árbol, una hoja, la tierra, la arena, piedras, una piña, y una vez más los animales.

«Han nacido unos corderitos y he hecho que los toque, el niño nos ha hecho un ruidito como «rhoooo» mirándonos, luego ha retirado su mano. Puedo volver a hacerlo 10 veces seguidas, tendrá la misma reacción».

Cuando el niño empieza a caminar, hay que llevarle a dar largos paseos por los bosques, jardines, parques y dejarlo observar todo y caminar a su ritmo, pararse cuando lo desee el tiempo que desee.

Es un periodo en el cual está en perpetua observación y apropiación de todo lo que ve. Podemos decir que su actividad es incesante. Una vez más es el momento en el que tienes que pensar en enseñarle todo nombrando las cosas con el vocabulario apropiado puesto que la apropiación de ese mundo se hace también por el aprendizaje de todas las palabras que califican la naturaleza a su alrededor.

Durante todo ese tiempo, piensa también en hacerle descubrir la música con sus estilos diferentes, sus instrumentos variados, sus ritmos, sus sonidos según las culturas, etc. Tomará de esta manera consciencia de que la música es diferente según las regiones del mundo.

Las cestas

En la escuela, como en casa, será sencillo componer cestas sobre la naturaleza.

Aquí tenemos unos cuantos ejemplos de cestas que pueden ofrecerse al niño a partir de la edad de un año.

Cesta sobre animales

Material

- Una cesta
- Una serie de seis figuritas de animales de granja
- Una serie de seis imágenes de animales de granja

Presentación

- Propón al niño que haga la actividad de los animales de la granja contigo.
- Pon la cesta sobre una alfombra extendida en el suelo o sobre una mesa.
- Saca las imágenes sobre la alfombra (o sobre la mesa) y colócalas arriba, de izquierda a derecha.
- Coge un animal y sencillamente ponlo encima de la imagen que representa el mismo animal.
- Coge otro animal y haz el mismo proceso.
- Propón al niño seguir solo.

En un primer momento no es necesario nombrar las cosas, haz solamente el emparejamiento.

Más adelante, cuando el niño se familiarice con las figuritas y las cartas, dirás «Cojo una vaca» y la colocarás sobre la imagen de la vaca, etc.

Variantes

🔍⊕ foto 42

Puedes crear este tipo de cestas con numerosos temas:
- los animales salvajes
- las flores
- las hortalizas
- las herramientas
- los instrumentos musicales
- los utensilios de cocina

Puedes realizar este material con los objetos de casa haciéndoles fotos y luego asociando el objeto con la foto. De esta manera el niño se familiarizará con todo lo que le rodea y, cuando le enseñemos el nombre y la función de los objetos, ya los conocerá por haberlos visto y manipulado.

▶ Aprender el mundo

Los globos terráqueos y planisferios

Cuando el niño vaya creciendo, alrededor de los 2 años puedes empezar a enseñarle el mundo, es decir la Tierra.

En la pedagogía Montessori disponemos de un hermoso globo terráqueo sobre el cual una parte lisa y azul representa el agua y otra parte beige y rugosa representa la tierra.

Vamos a hacer tocar al niño la parte lisa y la parte rugosa, precisándole mientras toca que la parte lisa es agua y la parte rugosa es tierra.

Y le vamos explicar a modo de preámbulo que ese globo representa la Tierra, un planeta en el cual vivimos todos.

A continuación podremos pedirle que piense si el mundo tiene más tierra o más agua.

Después pasaremos a **un segundo globo terráqueo sobre el cual cada continente tiene un color preciso:**

- Europa es roja.
- Asia es amarilla.
- África es verde.
- América del Sur es rosa.
- América del Norte es naranja.
- Oceanía es marrón.

Con este material introduciremos las nociones de los continentes y los océanos.

Luego vendrá el planisferio sobre el cual los continentes tendrán el mismo color.

Le enseñaremos el nombre de los continentes.

En ese momento, es decir, alrededor de los 3 años, vamos a poder trabajar sobre numerosos temas que van a permitirle conocer mejor el mundo y sentirse cómodo en él. El hecho de que entienda correctamente dónde se sitúa en esta Tierra es muy importante para el aumento de la confianza en sí mismo. Saber situarse es esencial.

La organización por ficheros

Para cada continente podemos crear ficheros que tendrán el mismo color que el continente correspondiente y que dejaremos a disposición del niño con el fin de que los pueda ver tantas veces como quiera.

Estos ficheros por continentes incluirán: 🔍⊕ foto 18
- un fichero sobre los hábitats
- un fichero sobre los animales
- un fichero sobre la vegetación
- un fichero sobre los paisajes
- un fichero sobre los monumentos
- un fichero sobre los alimentos principales
- un fichero sobre los habitantes (a través del cual sentiremos las emociones y los sentimientos de las personas: niños felices, niños tristes, niños en los brazos de sus padres, niños jugando, niños en el colegio, padres que bailan, niños que cantan, etc.).

Estos ficheros permitirán al niño entender bien el mundo y tomar consciencia de que si bien los seres humanos viven en un continente donde los hábitats, los animales, la vegetación, los paisajes, los monumentos, el color de la piel de los habitantes son muy diferentes, en realidad somos todos iguales en términos de emociones y de sentimientos. A todos los niños del mundo les gusta jugar, reír, llorar cuando están tristes, a los hombres y a las mujeres les gusta bailar, cantar, mimar a sus niños, etc.

Estos ficheros son muy importantes; primero, para que el niño se impregne desde muy joven de la diversidad del mundo en el que vive y de su riqueza, y después para que sea tolerante hacia los otros.

Es inútil darle miles de explicaciones, solamente ofrécele estos bonitos ficheros. Es muy importante que estén bien hechos con hermosas imágenes, para que tenga ganas de ojearlos cuantas veces lo desee.

Todo esto se convertirá en algo familiar y querrá saber más. Y cuantos más conocimientos tenemos sobre el mundo mejor nos sentimos en él porque lo entendemos.

En Ciencias, nos esforzaremos también por presentarle la naturaleza. Le ofreceremos en casa, al igual que en la escuela, una mesa organizada alrededor del tema de la naturaleza, sobre la cual se instalarán elementos que cambiarán con el paso de las estaciones. Será importante recoger todos esos objetos con el niño y dejarle observarlos libremente con una lupa.

A través de esta mesa de la naturaleza tomará consciencia de que la naturaleza evoluciona al ritmo de las estaciones y de que las cosas vuelven con regularidad. Colocaremos, pues, fruta de temporada, flores, hortalizas, libros ilustrando la naturaleza, etc. Después, poco a poco, cuando el niño empiece a leer, pegaremos las etiquetas de los objetos instalados.

▶ Las ciencias

Las de tarjetas de nomenclatura

En ciencias, pondremos a disposición del niño una gran variedad de esas famosas tarjetas de nomenclatura de las que hemos hablado en un capítulo anterior (p. 39).

Esas tarjetas abarcarán todos los temas posibles: 🔍 foto 15
- los animales (los peces, los anfibios, los reptiles, los mamíferos, los pájaros)
- los insectos
- las flores
- las hortalizas
- los árboles
- los tipos de hojas, etc.

De este modo, el niño podrá descubrir, una vez más, las riquezas de la naturaleza y su esplendor.

Los ciclos de la vida

Insistiremos igualmente sobre los ciclos de la vida y las metamorfosis que también son un poco «mágicas»: cómo a partir de un huevo, y después de una oruga, puede nacer una magnífica mariposa.

Si es posible, le haremos ver las cosas en la realidad para que las aprecie mejor.

· ·

El «Ciclo de la vida de la rana»

🔍 foto 28 y 28 bis

Material

- Tarjeta sobre la cual están impresas las diferentes etapas bajo la forma de ciclos con flechas: el huevo, el renacuajo, el renacuajo con las patas traseras, el renacuajo con todas sus patas y finalmente la rana. Cada una de esas etapas tiene que estar representada en un pequeño rectángulo
- Tarjeta con cuadrados blancos
- Cinco rectángulos del mismo tamañosque los otros, y encima de cada uno una etapa del ciclo de la vida de la rana

Presentación

- Pídele al niño si quiere hacer contigo ese trabajo sobre el ciclo de transformación del huevo a la rana.
- Enséñale la tarjeta con las etapas, explicándole lo que está representado.
- Pídele que observe bien esa tarjeta rellena.
- Dale la vuelta.
- Dale la tarjeta con los rectángulos vacíos.
- Dale los cinco pequeños rectángulos sobre los cuales están representadas las diferentes etapas.
- Pregúntale si quiere colocar las cinco fotos en el sitio correcto para respetar el ciclo.
- Una vez que haya colocado todas las etiquetas, pídele que se corrija dando la vuelta a la tarjeta rellena.
- Si ha cometido errores, déjale corregirlos solo (así reflexionará sobre el sentido de sus errores).
- Proponle hacer ese trabajo tantas veces como lo desee.

Variantes

El niño que sabe escribir bien puede realizar su propia ficha. Bastará con darle una plantilla vacía.

Con este material podremos preparar numerosos ciclos de vida:
- ciclo de la hormiga
- ciclo de la mariposa de la noche
- ciclo de la mariquita
- ciclo de la gallina
- ciclo de la manzana

Los experimentos

Para seguir despertando asombro en el niño sobre lo que la naturaleza puede producir y desarrollar de ese modo su confianza sobre el papel que va a jugar en ella puedes también hacerle observar experimentos científicos.

Cuando tenga alrededor de 18 meses, enséñale algunas interacciones entre substancias y déjale hacer las mezclas contigo:
- el aceite y la harina
- el agua y la sal (para hacer pastas de sal)
- la harina y la sal (la sal es más difícil de ver)
- la harina y la mantequilla (preparando *cookies*)
- siropes en pequeñas tazas en el congelador
- zumo de naranja y helado
- un sirope de chocolate un poco caliente sobre un helado

• •

La experiencia de los cubitos de hielo

Material

Sobre una bandeja

- Un pequeño bol con agua un poco caliente (pero no demasiado)
- Un pequeño bol de cubitos de hielo

Presentación

- Invita al niño a hacer esta actividad contigo.
- Lleva la bandeja sobre la cual está todo colocado y ponla encima de una mesa.

- Pon un cubito de hielo en el agua.
- Cuando pongas el cubito en el agua, hazlo despacio para que no salpique; el niño vera así la diferencia de temperatura entre el cubito y el agua caliente.
- Ofrece al niño trabajar de ese modo con los otros cubitos.

Cuando el niño es aún pequeño, a partir de los 3 años, puedes enseñarle experimentos con lo que flota y lo que se hunde; por ejemplo, o lo que es atraído por un imán y lo que no.

Una bandeja bien preparada será puesta a su disposición para que pueda hacer los experimentos tantas veces como quiera.

Esos experimentos van a permitirle entender determinados fenómenos físicos y una vez más coger confianza en sí mismo gracias a un mejor conocimiento de lo que le rodea.

Bandeja «Flota y se hunde»

Material

Sobre una bandeja

- Una pequeña ensaladera transparente
- Una jarra
- Una esponja
- Una toalla pequeña
- Un cubo
- Dos etiquetas: «flota» con el símbolo de un objeto que flota y «se hunde» con un símbolo de un objeto que se hunde

Una cesta con:

- Un taco de plástico
- Una goma
- Un vaso pequeño
- Una vela
- Un tornillo
- Un gancho de madera
- Una llave
- Una pinza de la ropa
- Una moneda
- Un trozo de masilla adhesiva (blu-tack)
- Otros objetos, siempre que haya tantos objetos que floten como objetos que se hunden

Presentación

Propón al niño hacer la tarea contigo.

- Coloca la bandeja sobre una mesa.
- Invita al niño que llene la jarra con agua.
- Proponle que vierta agua en la ensaladera transparente.
- Saca de la cesta todos los objetos, colocándolos de izquierda a derecha, nombrándolos uno por uno.
- Saca las dos etiquetas «flota» y «se hunde».
- Dile: «Mira, debajo de esta etiqueta pondremos todos los objetos que floten y debajo de esa todos los objetos que se hunden», y esto poniendo las etiquetas una al lado de la otra en la parte superior de la mesa.
- Dile: «Vamos a mirar ahora los objetos que se hunden y los que flotan».
- Coge la vela, ponla en la ensaladera y di: «Flota».
- Sácala, sécala con el paño de cocina y colócala debajo de la etiqueta «flota».

- Coge la llave, ponla en la ensaladera y dile: «se hunde».
- Sácala, sécala con el paño y colócala debajo de la etiqueta «se hunde».
- Pregúntale al niño si quiere seguir con la actividad.
- Cuando haya terminado, vacía el agua de la ensaladera en el cubo.
- Dile al niño que puede rehacer el ejercicio tantas veces como lo desee.

Si se puede, pega una pegatina del mismo color bajo los objetos que se hunden y bajo la etiqueta «se hunde» y de otro color bajo los objetos que flotan y bajo la etiqueta «flota».

Poco a poco el niño va a razonar y a entender qué materiales flotan y cuáles se hunden.

Hay que dejarlo que desarrolle su propio razonamiento y sobre todo no ayudarle ni darle soluciones.

Una vez que ha trabajado mucho con los objetos y sientes que lo ha entendido, prepárale una bandeja o una cesta con tarjetas sobre las cuales figuran objetos que floten y otras con objetos que se hunden, dos tarjetas sobre las cuales figura «flota» y «se hunde» con un pequeño símbolo al lado de las palabras para los niños que no saben leer todavía (el mismo símbolo que para las experiencias con los objetos). Por supuesto, pon tantas imágenes de objetos que se hunden como imágenes de objetos que flotan y luego puedes proponer realizar la actividad.

Con el control de error, que habrás diseñado con las imágenes, el niño podrá desarrollar de la misma manera su razonamiento y hacer este ejercicio solo.

Se puede preparar el mismo tipo de actividades con objetos que son atraídos por un imán y los que no, colocando un imán en la bandeja. ¡A los niños les gusta mucho este tipo de actividades!

Igualmente, podemos presentar al niño experimentos sobre el aire, para proporcionarle información suplementaria sobre fenómenos importantes. De este modo entenderá siendo muy joven que hay aire en todos los lados, lo que le hará comprender el mundo y sentirse mejor en él.

◗ La historia

La historia personal

A partir de los 2 años podemos presentar al niño su historia para que entienda de dónde viene y permitirle situarse en el tiempo.

Para ello, vamos a preparar **un friso de su vida** con fotos de diferentes etapas importantes: su nacimiento, los momentos en los que ha sonreído, ha rodado sobre sí mismo, ha gateado, se ha levantado, ha caminado sobre sus dos piernas, ha celebrado su primera Navidad, el nacimiento de un hermano pequeño o hermana pequeña, su primer cumpleaños, etc.

Colocamos esas imágenes sobre una tira de papel blanco e indicamos debajo de cada foto la edad del niño y luego colocamos la tira horizontalmente sobre la pared, por ejemplo.

De esta manera el niño toma consciencia de las diferentes etapas de su vida.

También puede ser interesante prepararle un friso de su semana con forma de tira horizontal.

Cada día se ilustra con una actividad del niño.

Hacemos un friso vacío a un lado y las imágenes de las actividades del otro y, como de costumbre, el niño ordena las actividades sobre la plantilla vacía tomando como modelo el friso completado.

El niño podrá de este modo situar los días de la semana, saber cuál va a ser la próxima actividad, etc., y estará más tranquilo al saber siempre lo que va suceder.

Podemos hacer lo mismo con un friso que refleje las actividades de un día.

En el método Montessori tenemos también lo que llamamos «**la viga del tiempo**» es un friso cronológico muy largo representando un año entero dividido en días. Colgamos esta gran tira en las paredes. De este manera, el niño tiene la noción del año entero y indicamos los días de la semana, los meses, las estaciones y todos los acontecimientos que marcan el año. El niño entiende de esta forma cómo transcurre el año, lo que ocurre en él, ve los acontecimientos que han tenido lugar antes y después de un instante T, y eso le tranquiliza.

He conocido a una madre que tenía dos niños pequeños y esperaba un tercero. Nueve meses de espera son interminables para los niños. Por ello, colgó una viga del tiempo sobre una pared e indicó el momento esperado para el nacimiento y el inicio del embarazo. Sus niños podían observar tranquilamente con la viga cuánto tiempo les tocaba esperar al bebé, cuántos días habían pasado... Podían seguir el embarazo con serenidad.

La línea del tiempo

Más adelante se le enseñará al niño toda la historia con unos frisos cronológicos para que tenga siempre una idea precisa de la sucesión de acontecimientos. Entender el tiempo, tener una idea de la cronología son dos elementos muy importantes para encontrar su sitio en el tiempo.

Un niño que sabe correctamente dónde está su sitio, que entiende el mundo, desarrollará una gran confianza en sí mismo.

Al contrario, el niño que no sabe lo que ocurre durante la semana, su día, el año, en el mundo, avanza sin referencias y eso crea siempre una angustia y un estrés que perjudican al desarrollo de la confianza.

6

El niño
y sus potenciales

▶ Ayudarle en su desarrollo

Todos los potenciales son iguales

En la pedagogía Montessori ponemos en práctica todo para permitir al niño desarrollar su propio potencial. Esto se traduce en que en su entorno el niño encontrará, según vaya creciendo, todos los elementos para desarrollar dicho potencial.

Asimismo, el niño hará las cosas a su ritmo y según sus propias capacidades, sin que el adulto establezca nunca comparaciones y haciendo lo posible para que el niño tampoco pueda compararse con los demás. Todo potencial tiene un valor y ninguno tiene un valor superior a otro.

Sabemos que el niño atraviesa etapas sensibles, pero estas no ocurren siempre en el mismo orden, algunos van a pasar más tiempo sobre una u otra. Así cada uno puede verdaderamente ser él mismo y conocerse poco a poco.

Como consecuencia, el niño desarrolla su propia personalidad, sus propias competencias y gana una gran confianza en sí mismo.

Por otra parte, el hecho de desarrollar un número máximo de cosas facilita la vida del niño y le ahorra las grandes dificultades que generan en él una pérdida de confianza en sus facultades.

El niño nace único, lo sigue siendo y aprende a conocerse. Sabe por sí mismo gracias a su autonomía, al control del error, lo que es capaz de hacer, lo que le gusta y lo que no, qué cosas le resultan un poco difíciles, y todo ello sin compararse nunca con otro, ya que se construye por su cuenta. Este resultado es debido únicamente a que el adulto ha organizado el entorno en función de su desarrollo y le ha ofrecido actividades que el niño ha adaptado a su manera de ser.

Todas esas actividades las habrá hecho el niño individualmente y, por lo tanto, sin tener que compararse con otros; se construye de manera autónoma según sus propias necesidades y ritmo de aprendizaje, de este modo, una vez más, el niño aprende por sí mismo. El adulto no hará cumplidos excesivos, no dará recompensas, ya que con estas pautas el niño hará las cosas por su propia voluntad, por la satisfacción de construirse como ser único.

Desde la más temprana edad

Durante los primeros meses de vida el bebé va a aprender a confiar en el mundo en el cual acaba de nacer, pero también en él mismo y a decirse en cierto modo: «Puedo hacerlo; soy capaz de hacerlo».

Durante los dos años siguientes podrá confirmarse a sí mismo que es capaz de actuar en este mundo, como si dijera: «Soy un ser útil, participo en la vida».

Todo esto le va a permitir desarrollar una gran y profunda estima de su ser y de manera más amplia una confianza en el mundo.

Poniendo al servicio del niño actividades desde el nacimiento, le permitimos desarrollar cada uno de sus potenciales a su ritmo y según sus capacidades para construir su propia personalidad.

Un ser que sabe quién es, que se conoce bien, sabrá mucho más lo que es bueno para él y una vez más fomentará su confianza en sí mismo.

▶ El papel de los sentidos

Entender el mundo

Maria Montessori observó que al principio el niño se apodera del mundo en el que vive por los sentidos: *«Los sentidos son el órgano de agarre al mundo exterior, necesario para la inteligencia»*. Por tanto, cuanto más se amplían los sentidos del niño, más tendrá este una percepción aguda y fina del mundo. Lo entenderá mejor, se sentirá bien en él y tendrá confianza en sí mismo.

Por ello, hay que preparar todo en el entorno del niño para permitir el desarrollo de sus sentidos.

El hecho de desarrollar estos sentidos favorece igualmente el afianzamiento de la inteligencia, lo que hace la vida del niño más fácil y permite la eclosión de la confianza en sus capacidades.

Presentando al niño un material apropiado para su crecimiento sensorial le permitiremos también desarrollar su concentración de manera considerable.

La concentración es esencial para aprender, entender, asimilar bien todas las cosas y sentirse cómodo.

Maria Montessori decía igualmente que la educación por los sentidos es una educación que eleva la inteligencia.

Más allá de este objetivo los ejercicios sensoriales permiten al niño acceder al reconocimiento de las identidades, al reconocimiento de los contrastes y a la diferenciación de los matices.

En realidad, el refinamiento de los sentidos permite desarrollar el famoso «sexto sentido» igualmente llamado intuición. Los niños cuyos sentidos están más finamente desarrollados tienen una percepción mucho mayor del mundo y de la gente.

Son más perceptivos a una mirada triste, al temblor de una mano. De hecho, saben reaccionar mejor en relación con todo lo que sienten. Desarrollan una mayor empatía y una gran sensibilidad.

Además, se adaptan mejor a nuevas circunstancias, nuevos países, ya que de la misma manera, se apoderan de las situaciones, las culturas, adaptan sus comportamientos y entienden mejor al prójimo y su manera de vivir.

Aislar los sentidos

Con el material relativo a los sentidos, vamos a permitir al niño entender mejor las impresiones sensoriales recibidas y por lo tanto hacer un trabajo interior y exterior apto a la hora de ordenar su espíritu. Con todos los elementos recibidos, primero tomará consciencia de la sensación percibida y después la clasificará.

Para ello, Maria Montessori observó, además, que para revelar mejor una cualidad particular, es importante en la medida de lo posible, aislar el sentido correspondiente. Efectivamente, una sensación táctil es más nítida si no se mezcla con una impresión visual.

La sensación será más perceptible por el niño si se encuentra en un lugar obscuro y silencioso, donde no podrá recibir impresiones visuales o auditivas que perturbarían sus sensaciones táctiles, por ejemplo.

Como consecuencia, el procedimiento de aislamiento debe ser doble: vamos a aislar al niño de las otras impresiones del entorno (lo que equivale a proponerle ponerse un venda y reservar un lugar muy tranquilo para el trabajo) y graduar el material según una sola característica.

Poner en marcha el desarrollo de los sentidos

Cuando el bebé es muy pequeño, sus sentidos son su único medio de entender el mundo en el que acaba de nacer. Más adelante evolucionará a su propio ritmo.

Los sentidos están directamente conectados con el cerebro.

Cada percepción (ruido, olor, contacto, imagen o sabor) envía imágenes sensoriales a dicho órgano. Esto da lugar a todo un trabajo de conexiones que se establece entre las células nerviosas, a través de la clasificación de datos, y su almacenamiento, comparaciones con las informaciones anteriormente memorizadas y analizadas.

Cuanta más información envían los sentidos, más denso, variado y eficiente es el «cableado» cerebral.

En un primer momento el niño va a absorber de manera inconsciente todas las informaciones recibidas por sus sentidos, luego, poco a poco, las memorizará, las ordenará y las clasificará gracias a su cerebro, el cual tiene un área específica para cada sentido. El tacto ocupa un lugar importante, puesto que se trata de un sentido en constante interacción con el entorno.

Cuando el niño es muy pequeño y no usa todavía muy bien sus manos, todos sus sentidos están despiertos. Por tanto, es muy importante estimular en esa etapa los otros sentidos como la vista o el oído.

Optimizar y educar los sentidos del niño para que funcionen a pleno rendimiento es totalmente factible. Para ello, solo nos basta con organizar actividades y dejarle experimentar para potenciar ese crecimiento.

Las actividades lúdicas son extraordinariamente motivadoras, estructuradoras y constructivas. El juego permite enriquecer la experiencia del niño haciendo todo tipo de intentos, pruebas y errores, comparaciones, observando los resultados.

▶ El desarrollo del gusto

Variar los sabores

Nada más nacer, el bebé ya está preparado para los sabores como para los olores: ya tiene preferencias de sabores en función de lo que habrá consumido su madre durante el embarazo.

Seguirá familiarizándose con los sabores de la alimentación de su madre a través de la leche materna. De hecho, los niños que toman el pecho muestran una aceptación más amplia de los alimentos que aquellos, que alimentados con biberón, no han experimentado tantos sabores diferentes.

Por supuesto, la mejor manera de desarrollar el paladar del niño es presentarle regularmente una gran variedad de alimentos.

Es importante hacer comer a tu niño contigo lo más a menudo posible. Al ver todo lo que comen sus padres, él también tendrá ganas de probarlo.

Hemos notado que en el momento en que el niño desarrolla su capacidad de prensión se va a llevar todo a la boca y esta es una manera de desarrollar su sentido del gusto, gracias a todo lo que colocaremos en sus cestas de juego (sonajeros, pelotas, libros táctiles, etc.) va a probar «sabores» diferentes como la madera, la plata, la tela, lana…

Esto es un motivo suplementario para escoger juguetes con texturas muy diferenciadas; por ejemplo, con las pelotas.

Frascos de sabores

A partir de los 2 años de edad podemos crear unos frascos de sabores. Podemos meter todos los sabores posibles: algo dulce, amargo, salado, etc.

También podemos escoger diferentes tipos de siropes (menta, limón, fresa, granadina, etc.), vinagre, agua salada, cítricos… ¡Las posibilidades son infinitas!

Material

Sobre una bandeja

- Dos series de seis frascos opacos (para que el niño no vea el contenido) del mismo color organizados en parejas. Para las parejas de un mismo conjunto usaremos un tapón idéntico. Podemos coger igualmente frascos con pipetas para que el niño pueda probar.
- Bajo cada pareja de frascos con sabores idénticos, pegaremos una pegatina del mismo color para el control de error.
- Un algodón (para limpiarse la mano).
- Una jarra de agua.
- Un vaso.

Presentación

- Llena los frascos por pares con líquidos de diferentes sabores.
- Coloca los frascos sobre una bandeja, cada serie en vertical sin que los elementos de una misma pareja estén enfrente uno del otro.
- Invita el niño a hacer la actividad de desarrollo del gusto contigo.
- Pon la bandeja encima de la mesa.
- Coge el primer frasco, desenróscalo, pon una gota sobre el dorso de tu mano y prueba.
- Haz lo mismo sobre el dorso de la mano del niño.
- Pregúntale si reconoce ese sabor.
- Dile: «Vamos a buscar en la otra serie un frasco que contenga un líquido que tenga el mismo sabor».
- Deja el frasco probado delante de la bandeja.
- Coge un frasco en la otra serie.
- Desenrosca la pipeta y pon una gota sobre tu mano.
- Haz lo mismo al niño preguntándole: «¿Tiene el mismo sabor que el otro?»

- Si dice que no, coloca el frasco al lado de la bandeja y sigue con los otros frascos.
- Cuando el niño reconozca el mismo sabor, pon el frasco al lado del primero que ha sido probado.
- Continúa de esta manera con la actividad.
- Propón al niño verificar, dando la vuelta a los frascos de cada pareja que tienen que mostrar una pegatina del mismo color.
- Si se ha confundido, no digas nada y déjale hacer la actividad de nuevo si lo desea.
- Al cabo de un rato, los sabores se mezclan un poco, puedes proponer al niño beber un vaso de agua.

Variante

Probando el líquido contenido en el frasco, puedes decirle: «Es vinagre, vamos a buscar el vinagre». Aprovechamos y nombramos el sabor.

También puedes decir: «Es dulce, vamos a buscar otro frasco que tenga un líquido dulce», etc.

Es importante variar con regularidad los líquidos al interior de los frascos para afinar el paladar del niño.

▶ El desarrollo del olfato

Al igual que el gusto, el bebé ha desarrollado su olfato en el vientre de su madre a través del líquido amniótico.

Después, al nacer, distingue rápidamente el olor de su madre y de las personas que se ocupan de él. Luego distinguirá con exactitud los olores asociados a su familia, como, por ejemplo, el olor de la cocina, los olores de ciertos vegetales que se encuentran en su entorno.

Aprovecha las actividades con el niño para cultivar su olfato haciéndole oler el perfume de las fresas, el aroma de la albahaca, llevándole a una tienda de quesos, a una pescadería, a una granja, etc.

Los frascos de olores ⊕ foto 29

El mismo tipo de material que para los frascos de sabores; no es necesario que tenga una pipeta, más bien algo que permita al niño oler sin ver lo que hay en el interior.

Puedes meter numerosos olores (café, chocolate, hierbas aromáticas) y cambiarlas regularmente. La presentación es idéntica a los frascos de sabores.

Existen también juegos de olores, pero a menudo las fragancias no corresponden exactamente a las que podríamos encontrar en la naturaleza bajo el mismo nombre.

A medida que la vista se desarrolla, tenemos tendencia a olvidar el olfato; por tanto, hay que seguir haciendo oler al niño todos los olores a su alrededor. El olor de la hierba mojada, de las lilas, de las rosas, etc.

El poder de evocación emocional del olfato es muy fuerte, por ello es el sentido más ligado a nuestras emociones.

▶ El desarrollo del oído

El bebé oye en el seno de su madre las voces, ¡pero también la música que su mamá escucha!

Cuando nace, para potenciar ese sentido, es importante hablarle mucho, cantarle (a los bebés, les encanta) y hacerle escuchar músicas muy variadas.

La importancia de la música

La música tiene efectos muy positivos en el niño pequeño.

Pero cuidado, no se trata de proponerle una música de fondo permanentemente: es necesario organizar en la rutina del día un momento específico en el cual se va a escuchar música.

Es fundamental escoger con mucho cuidado lo que vamos hacerle escuchar y variar los estilos musicales. El hecho de escuchar músicas variadas, extranjeras, le va permitir abrirse a otras culturas y ampliar sus horizontes.

Podemos colocar una cesta con instrumentos de música muy pronto para que el niño pueda experimentar solo los diferentes sonidos de los instrumentos. Los sonajeros son muy importantes.

Cuanto más crezca el niño, más podrás enriquecer su colección de instrumentos, pero siempre insistiendo en que no se pueden llevar a cualquier lado y que hay que utilizarlos correctamente; un sonido tiene que ser algo bonito.

Cuando se mueve libremente, al bebé le gusta mucho bailar con la música, lo que contribuye al crecimiento de su sentido artístico.

Es importante cuando el niño crece invitarle a prestar atención a los sonidos en casa, pero también durante la escucha de una pieza musical.

«El Carnaval de los animales» de Saint Saëns es muy recomendable, incluso con los más pequeños; podemos aprovechar la obra para preguntarle sobre los sonidos que está escuchando.

También puedes usar reclamos que conseguirás de dos en dos. Sopla en un reclamo* y dile al niño: «Escucha, este es el sonido del cuco, vamos a soplar en los otros reclamos a ver si volvemos a oír el mismo sonido». De esta manera se pueden formar parejas.

Las cajas de los sonidos ⊕ foto 30

Puedes realizar una actividad idéntica a las de los sabores o de los olores; con cuatro series de dos frascos (como los que se usan para las muestras de orina, pero tendrás que volverlos opacos) los rellenarás con diferentes tipos de semillas o materiales (sal, harina, lentejas, garbanzos, granos de café, arroz, etc.).

Verifica que cada frasco emparejado tiene la misma cantidad de semillas para que emitan exactamente el mismo sonido.

La presentación es exactamente igual que para los otros frascos; se tratará de encontrar las parejas que emiten el mismo sonido.

En las clases Montessori disponemos también de un instrumento muy interesante que se llama «campanillas Montessori». ⊕ foto 30

---

* Reclamo: instrumento para llamar a las aves en ornitología, o en la caza imitando su voz. (*N. del T.*)

❱ El desarrollo de la vista

Los móviles y las imágenes

Al nacer, el niño tiene una visión poco desarrollada que va aumentando poco a poco durante el crecimiento. Es el motivo por el cual vamos a instalar cerca de él, en cuanto nazca, objetos o imágenes con colores contrastados, y especialmente en blanco y negro.

Tan pronto como nazca, vamos a colgar cerca de sus ojos y encima de su torso, un móvil en blanco y negro llamado «móvil de Munari» equipado de una esfera de cristal que refleja la luz natural.

Este móvil va a activar la vista del bebé nada más nacer, y eso hasta las seis semanas aproximadamente. Los elementos del móvil se agitan en contacto con el aire y atraen la mirada del bebé que intenta fijarse en el objeto. El contraste blanco/negro estimula su visión, incapaz todavía de distinguir los colores.

A medida que la vista evoluciona vamos a sustituir el móvil de Munari por otros diseñados para el desarrollo visual:
- **el móvil de Gobi,** compuesto de cinco esferas idénticos en tamaño pero de diferente color (que es un degradado, da igual el color escogido). Las esferas están recubiertas de un algodón sedoso que refleja la luz. Su nombre viene de Gianna Gobbi que era una asistente formada por Maria Montessori;
- **el móvil de los octaedros;**
- **el móvil de los bailarines.**

Imágenes en blanco y negro se colgarán igualmente alrededor del niño: cerca del cambiador del bebé, de su alfombra de actividades para desarrollar su visión.

Le ofreceremos también libros en blanco y negro incluso siendo muy pequeño.

Cuando crezca, le propondremos puzles y numerosas actividades de clasificación como las que hemos visto en el capítulo 3, emparejamiento de tarjetas idénticas, algoritmos...

En la escuela Montessori disponemos de una gran cantidad de material para el desarrollo de su sentido de la vista:

* los bloques de cilindros;
* las barras rojas;
* la torre rosa;
* las tablillas de colores.

Los algoritmos

Material

* Diez grandes triángulos rojos, diez pequeños discos amarillos y diez grandes cuadrados azules
* Una caja
* Una alfombra

Presentación

* Invita al niño a venir a hacer la actividad sobre la alfombra.
* El niño desenrolla la alfombra, te trae la caja y la coloca encima.
* Crea un algoritmo con los triángulos rojos y los cuadrados azules. Por ejemplo, coloca un triangulo, dos cuadrados, tres triángulos, un cuadrado, cinco triángulos a lo largo de la parte superior de la alfombra.

- Empareja el algoritmo que has creado, alineando en el mismo orden las formas por debajo de la primera fila.
- Propón al niño intentarlo.

Variante

Si trabajamos con un niño con el que no hay ni riesgo de ahogamiento, podemos utilizar pequeños objetos o hacer la actividad con botones.

• •

Los cochecitos

Puedes desarrollar la visión a través del aprendizaje de los colores.

Para todos los materiales sensoriales que vayas a crear, es indispensable que los objetos no varíen más que en único criterio con el fin de aislar la diferencia.

Para el aprendizaje de los colores, podrás utilizar por ejemplo, coches exactamente de la misma forma pero de diferentes colores.

Te sugiero empezar por colores primarios: el amarillo, el rojo y el azul. 🔍 foto 30

Material

- Tres coches de colores diferentes pero de misma forma
- Una alfombra

Presentación

- Coloca los tres coches sobre la alfombra.

- Dile a tu niño: «Cojo el coche amarillo» cogiendo el coche amarillo. Luego «Dejo el coche amarillo» dejando el coche.
- Sigue igual con cada coche.
- Haz eso varias veces.

Pídele: «¿Me puedes dar el coche rojo?» Si te da el rojo, dile: «Me has dado el rojo, gracias». Si te da uno de otro color: «Este es el amarillo, voy a coger el rojo». Y coge el rojo.

▶ El desarrollo del tacto

Un sentido primordial

El sentido del tacto funciona considerablemente nada más nacer. Aunque es incapaz de gestos voluntarios, el bebé es muy reactivo al tacto. Por ejemplo, cuando pones tu dedo en el centro de su mano, él la aprieta.

El tacto juega un papel muy importante en la vida emocional y relacional del bebé. Ciertos gestos, como una caricia, le procuran un sentimiento de bienestar que a veces basta para calmar sus llantos y hacer pasar un momento de estrés, mientras que otros como un pinchazo pueden, al contrario, alterar su sentimiento de seguridad y de confort. El bebé es muy sensible a los gestos que le prestamos y particularmente a los de sus padres y de las personas que se ocupan de él.

¿Cómo desarrollarlo?

Los sonajeros y la alfombra de actividades con sus texturas diferentes van a permitir al niño descubrir, desde muy pequeño, materiales diferentes y por consiguiente sensaciones diferentes.

El masaje es también muy beneficioso para su desarrollo y su bienestar a condición de estar atento a las señales de confort o incomodidad del bebé.

Las pelotas de texturas diferentes son igualmente excelentes para el desarrollo del tacto. 🔍 foto 22

Existen igualmente cubos y pelotas de fácil agarre fabricadas con texturas diferentes que son muy interesantes para el bebé. 🔍 foto 32

En nuestras clases disponemos de tablillas táctiles, de tablillas de temperatura, etc.

Este desarrollo sensorial será verdaderamente primordial para el niño. El niño desarrollará su confianza en esta vida que apreciará y entenderá de la mejor manera posible.

Cuando el niño crezca, alrededor de los 18 meses, puedes diseñar una bolsa del misterio.

· ·

La bolsa del misterio

Material

- Una pequeña bolsa de tela de 20 x 25 cm con un cordón para cerrarla.
- Seis objetos de la vida cotidiana del niño: una cuchara de madera, un cepillo de dientes, una cucharilla, un tapón, una pinza de la ropa, un pequeño frasco, etc.

Presentación

- Lleva la bolsa a la mesa.
- Abre lentamente la bolsa.
- Mete la mano en la bolsa.
- Muestra al niño que estás buscando un objeto.
- Di al niño: «Toco...» y saca el objeto nombrándolo.
- Deja los objetos sobre la mesa o la alfombra de izquierda a derecha y permite al niño cogerlos si lo desea.
- Si el niño tiene ganas de seguir solo, dale la bolsa (si no dispone del vocabulario, déjale, se conformará con tocar los objetos y sacarlos).

OBSERVACIÓN

Es importante cambiar regularmente los objetos de la bolsa y de no meter más de seis. El objetivo de esta actividad es desarrollar el sentido estereognóstico (es la facultad de reconocer por el tacto la forma de los objetos).

La bolsa del misterio con parejas

🔍 foto 33

Material

- Dos pequeñas bolsas de tela de 20x30 cm con cordones de colores diferentes (uno rojo y otro azul)
- Entre tres y cuatro pares de objetos
- Una alfombra

Presentación

- Lleva la bolsa sobre la mesa o la alfombra.
- Dale una bolsa al niño y guarda la otra delante tuyo.
- Coge un objeto de la bolsa lentamente. Dile al niño: «Toco, ...» y saca el objeto nombrándolo.
- Deja el objeto arriba a la izquierda de la mesa o de la alfombra.
- Pregúntale al niño si puede buscar en su bolsa el mismo objeto.
- Coloca los dos objetos emparejados sobre la mesa o la alfombra.
- Continúa la actividad.
- Se puede dejar al niño con el objeto a partir del momento que lo usa correctamente.

Los tejidos

🔍 foto 34

Material

Cuatro pares de tejidos de texturas diferentes

Presentación

- Muestra los tejidos al niño, indicando el nombre y haz que los toque.
- Propón al niño que se ponga una venda en los ojos.
- Dile: «Vamos a buscar los tejidos que tengan la misma textura».
- Ponle una tela en la mano y pídele que la toque bien con toda la mano y dile: «Vamos a buscar el mismo tejido».

- Deja el primer tejido sobre la mesa y dale otro para que lo toque, preguntándole: «¿Es el mismo?» Si dice «sí», coloca la tela a la derecha del primero; si no, vuelve a dejarlo en la caja. Hazle tocar otro tejido preguntándole si es el mismo, etc.
- Al final, el niño retira la venda y ve si las parejas son idénticas.
- El control de error es entonces visual.

OBSERVACIÓN

Una vez que las cuatro primeras parejas se han reconocido, puedes cambiarlas e introducir otras. Puedes también darle el nombre. Puedes presentarle parejas cada vez más similares al tacto.

▶ El desarrollo de la motricidad de la mano y la motricidad global del cuerpo

No forzar nada

A través del libre movimiento que se le otorga desde muy pequeño, el niño va a desarrollar su motricidad global a su ritmo y por sus propias acciones.

No le empujaremos nunca a franquear etapas como intentar que se siente, hacerle caminar… Debe poder avanzar a su ritmo y hacer las cosas el día en el que esté preparado, cuando tenga confianza suficiente.

Démonos cuenta de la victoria que representa el día en el cual el bebé llega a desplazarse e ir hacia lo que desea rodando sobre sí mismo y luego a gatas. ¡Sin contar el día en el que consigue dar sus primeros pasos!

Por todo ello, no le forcemos: esa victoria tiene que pertenecerle, porque le permitirá desarrollar considerablemente su confianza.

Las instalaciones para ayudarle

Eso no impide por supuesto organizar y colocar todo lo que esté en nuestras manos para permitirle desarrollar este aprendizaje que va a adquirir por sí mismo.

Para ayudarle en esas difíciles adquisiciones, podemos instalarle un espejo horizontal sobre el que colocaremos una barra: es «**el espejo con barra de braquiación**». ⊕ foto 35

Esa barra horizontal le va a permitir desarrollar los músculos de sus brazos, su equilibrio y poco a poco la posición vertical. Como al principio se va a caer a menudo, es importante instalar una alfombra muy gruesa.

El espejo va a ayudarle a ver la totalidad de sus movimientos que van a permitirle pasar de la posición horizontal a la posición vertical. Es por esa razón que el espejo tiene que ser muy ancho y tan alto como el bebé.

Escaleras y pendientes de goma pueden instalarse también para ayudar al niño.

Existen igualmente estructuras con tres barras horizontales enganchadas en cada extremo a dos topes, que van a ayudar al niño, de la misma manera, a ponerse de pie y poco a poco caminar y conseguir su equilibrio.

Cuando esté más seguro con sus piernas, pondremos a su disposición un correpasillos, teniendo cuidado de que no vuelque bajo el peso del niño. Este correpasillos permite al niño que no anda avanzar gracias a su apoyo. Psicológicamente, este objeto sostendrá al niño en sus esfuerzos, en su empeño y en su alegría por crecer y conseguir la posición vertical.

Podrán instalarse unas escaleras protegidas, ya que ayudarán al niño en su desarrollo.

Cuando ande, Maria Montessori aconseja llevar al niño a dar largos paseos en cuanto sea posible para que perfeccione ese logro adquirido. Esas competencias evolucionan de forma diferente de un individuo a otro, según las oportunidades, el entorno y el espíritu del niño.

Una vez que el niño ande solo, le daremos un objeto del cual pueda tirar que le permitirá dirigir conscientemente su progresión hacia adelante con la dificultad de estar tirando de algo detrás de él.

También podemos ofrecerle una carretilla para que desarrolle sus grandes músculos y su equilibrio caminando.

Maria Montessori escribió mucho sobre la importancia del movimiento en la pedagogía. Como médico, estudió de cerca los aspectos físicos y fisiológicos del desarrollo y explicó que el ser humano constituye una unidad en la que el espíritu y el cuerpo funcionan de común acuerdo.

Nuestras reacciones de cara a las caídas o eventuales chichones van a ser también muy importantes para que el niño siga teniendo confianza en sus habilidades para caminar, correr, escalar, etc. Ya hemos hablado de ello en el capítulo sobre el papel del adulto.

▶ El desarrollo de la motricidad fina

El papel esencial de la mano

Maria Montessori decía: «*Los sentidos son los órganos de prensión de las imágenes del mundo exterior, necesarias para la inteligencia, como la mano es el órgano de agarre de las cosas materiales. Pero los sentidos y la mano pueden afinarse más allá de su mera función. La educación que eleva la inteligencia tiene que elevar siempre más intensamente estos dos medios, capaces de perfeccionarse posteriormente*».

También observó que **la construcción de la inteligencia se hace a través del bucle «mano-cerebro-mano»**: manipulando objetos, la mano percibe las informaciones que envía al cerebro. Este las asimila y la mano usa luego esos nuevos datos. De este modo, de nuevo, la inteligencia poco a poco, se construye en contacto con el mundo real.

Las manos del niño pequeño necesitan sensaciones variadas, cosas pequeñas que coger, formas que manipular. Todas esas actividades permitirán al niño de nuevo entender el mundo, sentirse cómodo en él y desarrollar su confianza.

Unas actividades adaptadas y evolutivas

Las actividades propuestas van a evolucionar a lo largo del tiempo y con las capacidades cada vez mayores del niño, que necesitará ejercitar sus manos con mayor precisión.

El adulto, entonces, podrá darle una pelota que hay que colar en un agujero, fichas en una hucha, enhebrar unas cuentas…

Es importante que el niño disponga de un material que evolucione con el desarrollo de su mano:
- los móviles;
- los sonajeros;
- un pórtico
- unas pelotas
- unos anillos en unas varillas;
- unas cajas «Imbucare»;
- las actividades de vida practica que hará con el adulto.

Los móviles se engancharán a una altura baja para que las manos del bebé puedan tocarlo. Al principio lo hará torpemente pero poco a poco, podrá crear un contacto voluntario. ¡Qué orgullo el darse cuenta de que puede mover el móvil él mismo! Por esta razón igualmente, no conviene instalar móviles movidos con motor. El bebé en tal caso es totalmente pasivo y no desarrolla la confianza en sí para decirse: «Soy capaz de poner en movimiento el móvil con el gesto de mi mano».

El pórtico foto 36 es también muy importante por esta misma razón. El pequeño va a intentar atrapar los elementos, moverlos y de ese modo desarrollar una competencia esencial para el desarrollo de la inteligencia: la relación de casualidad. Al final cuando se pueda mantener sentado, vamos a presentarle lo que Maria Montessori llamó los «Imbucare» o «cajas con permanencia del objeto» (visto en la p. 51).

Esas cajas van a permitir:
- tomar consciencia de la permanencia del objeto que ha sido definida por Piaget en psicología del desarrollo
- establecer una relación de causa y efecto y empezar a razonar
- concentrarse
- afinar su coordinación ojo-mano
- disociar las formas

Existen tres series en esas cajas que aíslan cada vez una sola dificultad. Es uno de los principios de nuestra pedagogía: no presentamos
nunca al niño una actividad en la cual se vaya a encontrar con varios
problemas que resolver.

- La primera serie consiste en colar una pelota en un agujero y en
  verla reaparecer o esconderla en unos compartimentos o en un
  cajón deslizante.
- La segunda da al niño la oportunidad de colocar diferentes formas geométricas en los agujeros hechos para esos objetos y en
  diferentes cajas (una caja por forma geométrica).
- La tercera serie permite al niño un entrenamiento más avanzado
  y afina sus movimientos de la mano, las habilidades de los dedos
  y el control de la muñeca.

Cuando haya crecido, le presentaremos **puzles**: al principio, unos
puzles con únicamente una forma geométrica y más adelante puzles
en tres dimensiones con cubos, esferas, ovoides, etc.

Vendrán luego **ejercicios con las varillas** que requerirán gestos de
la muñeca más complejos. 🔍 foto 37

Con todo este material el niño va a afinar considerablemente el
movimiento de su mano y volverse cada vez más hábil.

Le presentaremos estas actividades muy lentamente y cogiendo bien
los objetos a colocar en los agujeros con la pinza (pulgar, índice y
corazón), lo que es una preparación para los gestos de la escritura.

Las actividades de vida práctica

Alrededor de los 15 meses, cuando su mano sea una verdadera
herramienta funcional, el niño estará preparado y será capaz de
copiar las actividades del adulto.

Solo tendrá un pensamiento, trabajar al lado de un ser que le ama, que tiene paciencia y en el cual confía verdaderamente. Las actividades que le vamos a poder presentar son aquellas que llamamos actividades «de vida práctica».

Estas llevan al bebé de 15 meses a lo más alto de su autoconstrucción, desarrollando su inteligencia, profundizando su concentración y dándole una nueva apreciación de sus crecientes capacidades. Son, por tanto, un elemento primordial para el desarrollo de la confianza en sí mismo.

Maria Montessori sugería hacer del niño de 15/18 meses el compañero cotidiano del adulto en las sencillas tareas de la vida cotidiana. Es una manera de respetar al niño en su deseo de imitar el adulto. Los padres tienen que incluir siempre al niño según sus capacidades y sus intereses en las siguientes actividades diarias:
- Poner la mesa
- Recoger la compra
- Clasificar la colada
- Lavar la ropa
- Limpiar un espejo
- Abrillantar un jarrón
- Hacer ramos
- Limpiar los zapatos, sacarle brillo a los objetos de cobre
- Barrer
- Doblar servilletas

Estas actividades deben usar siempre un material real. Pero este tiene que ser pequeño y ligero. Piensa en recoger siempre el material de manera simple y ordenada de utilización de izquierda a derecha. El niño va a interiorizar ese orden y eso será natural en su manera de pensar.

Estas actividades tienen que ser siempre cíclicas (es decir, tener un principio y un final) y lógicamente hacerse de la misma manera, para permitir al niño integrar e interiorizar ese orden.

Las actividades de la vida cotidiana son también las que van a desarrollar su autonomía (ver p. 11).

Una vez que el adulto se haya entrenado mucho en la presentación de la actividad, la preparará sobre una bandeja destinada al niño, la presentará muy despacio, estableciendo el mayor número de etapas con el fin de que el niño integre cada gesto que tenga que llevar a cabo.

Después, cuando vaya creciendo, las bandejas que le ofreceremos le requerirán una mayor y más hábil motricidad fina, hasta llegar a las bandejas con una pinza de depilar y unas lentejas a dejar sobre una jabonera. 🔍 foto 38

Antes, por supuesto, habrá asumido la tarea con:
* cucharas
* pipetas
* pinzas de la ropa y pinzas de cualquier tipo

El desarrollo de la concentración

Una habilidad esencial que hay que desarrollar igualmente en el niño es la concentración. Esta puede empezar muy pronto con la instalación de móviles que el niño podrá observar durante mucho tiempo agudizando con esta actividad su concentración.

Después, cuando intente mover los elementos y se dé cuenta de que el movimiento de su brazo consigue agitar los objetos que está observando, tendrá que poner a prueba una concentración extrema para reproducir el gesto que ha hecho anteriormente por casualidad.

Del mismo modo, instalaremos unos sonajeros suspendidos y particularmente un anillo que le permitirá también, con mucha concentración, hacer poco a poco un gesto de prensión que le conducirá a conseguir sostener un objeto en su mano.

Todo este material, incluido el pórtico, van a ayudar enormemente al bebé a desarrollar su concentración. Un niño cuya capacidad de concentración es grande y fuerte llegará a aprender todo con mucha más facilidad y por tanto... a desarrollar su confianza. La concentración es necesaria en cualquier aprendizaje que sea en el ámbito escolar, pero también para aprender a hablar, a hacer deporte, a jugar a un juego, etc. Su desarrollo facilita enormemente la vida, permitiendo incrementar sus aptitudes y sus actividades.

Por tanto, es esencial poner en marcha todas las actividades que hemos visto con anterioridad; ya sean las cajas de permanencia del objeto o las bandejas de vida cotidiana, estos ejercicios ayudarán enormemente al niño a concentrarse durante cada vez más tiempo.

Las imágenes y los libros en blanco y negro que va a mirar fijamente van también a ayudarle en esa habilidad.

Todas las estructuras de acogida para el niño pequeño tienen que proponer estos elementos y el adulto debe permitir que el niño haga los ejercicios tantas veces como quiera sin jamás interrumpir o intervenir, ya que es ahí donde trabaja esta competencia esencial.

❱ El desarrollo de la creatividad

Una clave de la confianza

Uno de los potenciales extremadamente importantes para ayudar al niño a desarrollar su confianza es la creatividad. En efecto, un niño que es creativo siempre sabrá encontrar soluciones en la vida. No será jamás sometido a una causa o a una situación, será consciente de que es creativo para encontrar cómo arreglárselas, o encontrar un camino alternativo para alcanzar su objetivo.

En una situación difícil donde siente tristeza e incluso a veces cierta desesperación, si es creativo, sabrá imaginar otra situación mucho mejor. Sabrá imaginar otra cosa. Vivirá el momento presente pero sabiendo que existe otra posibilidad. Cuando existe esta esperanza, esta imaginación que permite pensar en otros esquemas de vida, nos predispone más a poner todo en marcha para dirigirnos hacia esa otra situación.

La creatividad permite también sufrir menos las situaciones y ser un actor de estas, crear su vida, construirla, ser autónomo. Un niño que se siente capaz de construir su vida, a su nivel, por supuesto, desarrollará una gran confianza en sí mismo.

¿Cómo desarrollarla?

Primero y, sobre todo, no dando las soluciones, ni los razonamientos al niño, incluso siendo muy pequeño.

Cuando en su entorno ponemos a su disposición actividades, juegos, se los presentamos muy despacio para que se impregne de nuestros gestos, de lo que hacen nuestras manos.

Luego dejamos la actividad a su disposición, diciéndole que tiene la posibilidad de hacerla tantas veces como lo desee.

Cuando lo vemos intentar y no conseguirlo al primer intento, hay que contenerse y no intervenir. Como adulto, tenemos a menudo ganas de ayudarle, de enseñarle cómo se hace y eso no es bueno para él porque de esa manera, no desarrolla su capacidad creativa que le va ayudar a encontrar su propia solución.

Un bebé encuentra solo cómo alcanzar unos juguetes un poco alejados. Cuando observamos a un pequeño boca abajo, deseando llegar a un juguete un poco fuera de su alcance directo, impresiona ver cómo busca soluciones para conseguirlo. El niño que dejamos actuar de ese modo va a desarrollar una gran confianza en cuanto llegue por sí solo a su objetivo.

¡Por supuesto, no hay que dejarlo buscar durante horas! ¡Hay que saber dosificar!

El control de error permite también desarrollar la creatividad del niño. En efecto, el niño que ha completado su ejercicio y descubre que se ha confundido gracias al control de error, deberá buscar la manera de llegar al resultado correcto. Deberá entender primero por qué se ha confundido y después ser creativo para encontrar otro medio para alcanzar su meta.

Es importante dejarlo reflexionar, ya que desarrollará su propio razonamiento y su inteligencia.

Igualmente, en matemáticas no le damos el resultado para una operación, por ejemplo. Hacemos la demostración varias veces si es necesario con el material específico, y luego le ponemos una operación y le pedimos si quiere probar.

Luego le dejamos trabajar solo. Se va a entrenar, va a mirar el control de error. Encontrará por sí mismo los medios para llegar a ello.

Dejando al niño desarrollar su creatividad y su razonamiento de este modo, nos damos cuenta de que a veces, ¡consigue obtener una solución a través de un medio totalmente diferente al nuestro!

La creatividad va a poder desarrollarse también gracias a las actividades artísticas, en particular con el dibujo y la música. Con **las campanillas Montessori**, el niño puede componer temas y de esta manera ser un sujeto activo 🔎 foto 39

Disponemos de numerosos ejercicios que les permiten componer por sí mismos. ¡Y qué felicidad ser un creador de música, qué confianza genera el darse cuenta de que podemos componer un tema que puede ser interpretado por sus compañeros!

El arte, evidentemente, permite un desarrollo muy importante de la creatividad. Es la razón por la cual debe tener un sitio en su rutina diaria. El niño tiene que encontrar en su entorno todo lo que necesite para desarrollar esa creatividad artística: folios, rotuladores, lápices de colores, pintura, pasta de sal, plastilina, tierra, etc. No se ofrecerá todo al mismo tiempo, pero estas actividades deben ser de acceso libre también.

Es importante prever un sitio en la habitación para exponer las obras del niño, un panel de corcho o una cuerda con pinzas. Es esencial que se dé cuente de que su obra capta nuestra atención y es valorada.

En el aula Montessori disponemos asimismo de material que permite al niño desarrollar su creatividad. Sin embargo, no lo dejamos hacer cualquier cosa con ese material por el mero hecho de ser creativo. El material fue creado científicamente por Maria Montessori con objetivos muy precisos, desviarse de su uso original es desviarse igualmente de sus objetivos.

Un niño creativo posee un fuerte potencial de confianza. Esta cualidad es como las otras, útil en la vida y se construye muy pronto, desde la primera infancia.

El lenguaje

«*El niño está en búsqueda constante de todos los lenguajes, de todas las expresiones, porque ningún lenguaje basta para dar rienda suelta a la vida que brota en él*», decía Maria Montessori.

▶ Una base para realizarse

Comunicar

Entre 0 y 6 años el niño atraviesa la etapa sensible del lenguaje; en el transcurso de esos años, el niño va a querer escuchar las palabras, hablar, comunicar, leer, ampliar su vocabulario, escribir, hablar otro idioma, etc. Va a apreciar y verse atraído por todo lo relacionado con el lenguaje.

Tener un vocabulario rico, saber construir frases bien hechas con una bonita sintaxis, para expresar lo que el niño ve, lo que siente, lo que desea decirnos, estos son factores importantes para ayudarle a ganar confianza.

Cuando el niño tiene todas las palabras para expresar lo que desea con un vocabulario preciso, su vida es mucho más fácil.

Entender las palabras dichas por el adulto es también esencial para el crecimiento de su confianza. Que el niño entienda lo que va a pasar, lo que se va a hacer con él, a dónde vamos, a dónde van, están sus padres, etc. es fundamental para desarrollar la confianza del niño y ahorrarle frustraciones.

Las frustraciones

El niño con dificultades para expresarse experimenta a menudo una gran frustración. Vemos en las escuelas niños pequeños que pegan, tiran al suelo a otros, los empujan, los muerden... El móvil de esta violencia, muchas veces, es una necesidad de comunicar lo que el niño no consigue realizar con palabras, ya sea porque no puede expresar sus deseos o porque el adulto frente a él no le entiende.

Podemos, por cierto, observar esta frustración muy pronto, en el niño pequeño que empieza a señalar con el dedo lo que desea sin palabras. Si el adulto no entiende lo que quiere coger, el bebé se pone nervioso, incluso puede llegar a enfadarse.

▶ Favorecer el desarrollo del lenguaje

El papel del adulto

Es esencial hablar muchísimo al bebé incluso recién nacido. No hay que olvidar que las bases de la comunicación inteligente se establecen en una etapa muy temprana de la vida del niño.

Por cierto, a menudo la calidad del parloteo es correlativa con la calidad de la atención que los padres han dedicado a su bebé.

De esta manera podemos hablarle cuando lo cambiamos, lo vestimos, lo bañamos, etc. Hay que nombrar los objetos, las acciones, con palabras sencillas, pero respetando la receptividad y el escuchar del niño y sobre todo situándose frente a él.

Para ayudar al niño a desarrollar su lenguaje, el adulto debe pronunciar claramente, usar una gramática correcta y un vocabulario rico.

La cantidad de palabras a las que está expuesto el bebé es un vínculo directo con el fomento de su lenguaje. Y lo más importante: solo cuentan las palabras dirigidas directamente a él.

El bebé necesita estar interactuando con el adulto cuando habla y en relación con el mundo real a su alrededor al mismo tiempo (hablar enseñando cosas, explicando con un gesto, etc.). Por ejemplo, cuando leemos un libro, hay que señalarle los objetos con el dedo a la vez que los nombramos. Con esta interacción, el niño tomará consciencia de que cada cosa tiene un nombre propio. El niño aprende a través de la repetición.

Es esencial también, hablar normalmente al niño desde muy pequeño y no usar palabras simplificadas con el pretexto de que es muy joven.

Alrededor de los 12 meses el niño pronuncia a menudo su primera palabra intencional. En ese preciso instante será muy importante alentar esta evolución hablándole todo lo posible, a todo momento y de todo.

Podremos utilizar igualmente libros, canciones y canciones infantiles que fomentan el vocabulario. Es preferible empezar por los temas que le gustan: los animales y sus gritos, la comida, las partes del cuerpo, los medios de transporte, etc., usando unos abecedarios. Habrá que intentar no anticiparse siempre a lo que quiere el niño. De esta forma tendrá la necesidad de comunicarse para pedir lo que desea. Déjalo nombrar lo que quiere antes de dárselo (no lo dejes tampoco demasiado tiempo).

Intenta siempre nombrar los objetos lo más correctamente y lo más precisamente posible, sin dar nombres genéricos (por ejemplo, no es un árbol, es un roble). Cuanto antes dé el adulto la palabra correcta, más fácil será para él utilizarla y expresarse mejor.

Entre 12 y 18 meses, repetir lo que dice el niño, diciéndole, por ejemplo, si señala la leche: «¡Sí, es leche!» está muy bien. Esto le indicará que entiendes lo que dice. Se dará también cuenta de que le otorgas importancia a lo que dice y que sus esfuerzos para comunicarse dan resultados.

Igualmente es correcto completar lo que dice. Por ejemplo, si dice «manzana», dile «sí, es una bonita manzana». Si dice «bonita manzana», añade «sí, comes una bonita manzana».

Entre 18 y 24 meses, es importante seguir completando las palabras del niño con frases más largas.

Hay que captar la atención del niño nombrando las cosas que se encuentran en casa y en los alrededores cuando por ejemplo dais un paseo fuera. Es bueno también nombrar lo que mira con interés y felicitarle cuando repite la palabra en cuestión. Sin embargo, sobre todo no hay que forzarle a repetirla.

Entre 2 y 3 años es absolutamente indispensable mostrar al niño que lo que nos dice nos interesa y seguir dándole modelos de frases repitiendo lo que ha dicho y añadiéndole palabras.

Hablarle le va a ayudar a construir su vocabulario, pero también a entender el papel de las cosas que le rodean y a organizar el mundo en su mente: por ejemplo, enséñale un cepillo de dientes y dile: «Es un cepillo de dientes, te cepillas los dientes con un cepillo de dientes».

Durante esta etapa, el libro tiene un papel muy relevante en el desarrollo del vocabulario del niño.

A partir de los 2 años es también la edad de los buenos modales. Por tanto, asegúrate de enseñar a tu pequeño a decir «por favor», «gracias», «perdóname», etc. No le hagas repetir tontamente, una vez más, da ejemplo.

En la escuela Montessori, llamamos eso hacer «ejercicios de gracia y cortesía» y multiplicamos las oportunidades de realizarlos porque sabemos que a esa edad, el niño se enorgullece de comportarse bien en sociedad. Por ejemplo, cuando invitamos a los adultos a visitar el aula, los niños sienten la necesidad de presentarse, decir: «Buenos días, me llamo…»

Los niños tienen igualmente, a su disposición un espacio donde pueden preparar un pequeño tentempié que sirven a sus compañeros y es la oportunidad de insistir sobre el «Por favor», «No, gracias», «Sí, muchas gracias».

Algunas actividades para desarrollar el vocabulario

A partir de 1 año

• •

La cesta con objetos reales

🔍 foto 40

Material

- Haz unas colecciones de objetos emparejados como unas frutas, unas hortalizas, utensilios de cocina, conchas, etc.
- Cuatro o cinco pares de objetos de cada categoría
- Una cesta o una bandeja

Presentación

- Invita al niño: «Hoy vamos a estudiar unas cosas nuevas: las hortalizas, ¿te gustan las hortalizas?»
- Coge una hortaliza de la cesta, tócala, huélela y dásela al niño.
- Pregúntale si puede encontrar la misma hortaliza en la cesta.
- Coloca el par de hortalizas sobre la alfombra o la mesa.
- Sigue de la misma manera con el resto.
- Cuando todo esto se haya hecho, vuelve a coger una hortaliza, di su nombre y vuelve a colocarla en la cesta.
- Pide al niño si ve la misma hortaliza y si puede también dejarla en la cesta. (Puedes aprovechar para describir la hortaliza.)
- Sigue del mismo modo con el resto de parejas.

Variante (para otro día)

- Coge una hortaliza.
- Di su nombre cuando la tengas en la mano.
- Déjala sobre la alfombra.
- Haz lo mismo con el resto.
- Dile al niño si puede encontrar la misma hortaliza que la primera que cogiste.
- Sigue de la misma manera.
- Coge una hortaliza de la cesta y pregunta al niño si ve la misma sobre la alfombra.
- Y finalmente, pide al niño coger una hortaliza y colocarla en la cesta.
- Cada vez que deje una hortaliza en la cesta, di su nombre.

Objetivos

- Desarrollar el vocabulario
- Reconocer táctilmente los objetos

AVISO

No preguntes a tu niño para verificar lo que sabe. A esa edad el niño aprende absorbiendo y no memorizando o repitiendo la información.

Cesta con figuritas

🔍⊕ foto 41

Material

- Parejas de figuritas, como animales, vehículos, etc.
- Una caja o una cesta o una bandeja

Presentación

- Coge un animal.
- Dáselo al niño para que lo toque.
- Pídele que escoja el mismo animal de la cesta.
- Coloca el animal que ha escogido sobre la alfombra, a la izquierda del primero.
- Haz la misma cosa con el resto de figuritas.
- Cuando todas las figuritas estén sobre la alfombra, pide al niño que escoja un animal y que lo devuelva a la cesta.
- Continúa con todos los animales.

Variante (para otro día o después)

- Coge un animal, nómbralo y déjalo sobre la alfombra.
- Haz lo mismo con el resto de animales.
- Realiza la segunda parte de la lección en tres tiempos (ver p.141).
- Pídele que te enseñe solamente el caballo, o el perro, pero no vayas más allá preguntándole el nombre del animal, es todavía muy joven.
- Cuando se haya acabado, pide al niño que recoja uno a uno los animales.

Objetivos

- Desarrollar el vocabulario.
- Tomar consciencia de que la realidad puede ser representada por objetos y estos pueden ser substitutos de la realidad.

• •

Cesta con objetos y tarjetas correspondientes

🔍 foto 42

Material

- Objetos y tarjetas correspondientes idénticas al objeto
- Una cesta o una caja o una bandeja

Presentación

- Saca de la cesta un objeto.
- Nombra el objeto y déjalo enfrente del niño, sobre la alfombra.
- Haz lo mismo con el resto de objetos colocándolos de izquierda a derecha sobre la alfombra.
- Coge una imagen diciéndole al niño: «Esta es la imagen de un león».
- Pon la imagen sobre la alfombra y coge el objeto correspondiente.
- Coloca el objeto sobre la imagen.
- Haz lo mismo con los otros animales.

Objetivos

* Desarrollar el vocabulario
* Que el niño tome consciencia de que la realidad puede ser representada por una imagen.

Alrededor de los 12-14 meses

· ·

Cesta con de tarjetas emparejadas

Material

* Parejas de tarjetas clasificadas (tres o cuatro al principio). Haz unas tarjetas sobre diversos temas: animales domésticos, animales salvajes, animales de la granja, elementos de la escuela, los muebles, los colores, los tipos de vehículos y cuadros de pintores célebres, etc.
* Una bandeja o una caja

Presentación

* Ofrece al niño trabajar contigo.
* Saca las tarjetas de la caja y colócalas nombrándolas, sobre la alfombra de izquierda a derecha delante del niño.
* Coge una tarjeta, ponla en la parte superior de la alfombra nombrando el objeto ilustrado, por ejemplo, di: «Es una zanahoria.»
* Pídele al niño si puede encontrar la misma tarjeta: «¿Puedes encontrar la otra imagen con la zanahoria?»
* Cuando la encuentre, dile: «Has encontrado la imagen de la zanahoria». Colócala a la derecha de las anteriores.
* Prosigue de manera idéntica con todas las parejas.

Objetivos

- Desarrollar el vocabulario
- Que el niño tome conciencia de que la realidad puede ser representada por una imagen.

De 14 a 16 meses

• •

Desarrollo del vocabulario con los artistas

🔍⁺ foto 43

Material

- Un conjunto de tarjetas de artistas
- Una caja para las tarjetas
- Una alfombra o una mesa a la altura del niño

El conjunto de las tarjetas debe incluir una tarjeta del artista y cinco tarjetas de sus obras. Por ejemplo, presentas Van Gogh y Warhol. Es muy fácil realizar este material con imágenes tomadas de internet.

Presentación

- Invita al niño a reunirse contigo.
- Trae las tarjetas sobre el tapiz o sobre la mesa y siéntate al lado del niño.

- Presenta la tarjeta de Van Gogh. Enséñasela diciendo: «Este es Vincent Van Gogh». Pon la tarjeta en la parte superior izquierda de la alfombra.
- Enseña la primera imagen de una obra de Van Gogh. Por ejemplo, el cuadro *Los girasoles* y di: «Van Gogh ha pintado este cuadro, se llama *Los girasoles*».
- Introduce los otros cuadros de Van Gogh de la misma manera.
- Ahora presenta a Warhol y sus obras. Coloca la imagen de Warhol en la parte superior de la alfombra a la derecha de Van Gogh. Puedes hacerle notar cómo las técnicas y los estilos son diferentes. Y sigue colocando las obras de Warhol debajo de su retrato.
- Si tu niño todavía sigue interesado, mezcla las tarjetas y vuelve a empezar. Si no, recógelas.

Variante (más tarde)

Si rehacemos este ejercicio, podemos dejar las tarjeta de Van Gogh y de Warhol en la parte superior de la alfombra.

Dile: «Busco un cuadro de Van Gogh...» Deja tiempo al niño para que busque. Si no encuentra, dile: «Aquí está el cuadro de *Los girasoles*». Deja que el niño busque los cuadros solo si su interés sigue siendo elevado.

Objetivos

- Desarrollar el vocabulario del niño nombrando las cosas.
- Crear una relación entre el nombre del artista y sus obras.
- La utilización del lenguaje que presenta el artista y el nombre de sus obras, combinada con el efecto visual, es una manera fantástica de introducir vocabulario en un contexto.

La lección en tres tiempos

En la pedagogía Montessori el aprendizaje de cualquier vocabulario nuevo se da a través de lo que llamamos la «lección en tres tiempos». Es una lección que presentamos individualmente al niño. Otros niños pueden escuchar pero no intervenir.

Los padres pueden enseñar de esta manera, incluso con los más pequeños, porque es realmente óptima. Para un niño pequeño, nos contentaremos con hacer el primer y el segundo tiempo de la lección y para un niño a partir de los 3 años, daremos la lección en su totalidad (si se lo permite su concentración).

Para los niños pequeños podemos dar esta lección con animales, figuritas de muebles, flores, colores, marcas de coches, con las piezas de un puzle representando un animal.

Primer tiempo

Presentación de la noción que se va a enseñar con la palabra exacta y la asociación de la percepción sensorial con ese nombre.

Al principio, tendremos que pronunciar los nombres necesarios sin añadirles nada. Debemos decir las palabras muy espaciadas las unas de las otras con una voz clara, de manera que los sonidos que componen la palabra sean percibidas nítidamente por el niño. Como, por ejemplo, haciéndole tocar una vaca y un cerdo, diremos: «¡una vaca!» - «¡un cerdo!» repitiendo varias veces la palabra, siempre con voz clara y separando las sílabas: «vaca-vaca» - «cerdo-cerdo». Si son números: «es cuatro-cuatro» - «es cinco-cinco», etc.

Dado que esta lección en tres tiempos consiste en provocar la asociación del nombre con el objeto o con la idea abstracta que representa el nombre, el objeto y el nombre deben únicamente servir para impactar la consciencia del niño: este es el motivo por el cual ninguna otra palabra debe ser pronunciada.

Segundo tiempo

Distinguir el objeto correspondiente a la palabra. Tenemos que conseguir siempre la prueba de que nuestra lección ha alcanzado su meta.

La primera evidencia será constatar que el nombre queda asociado al objeto en la consciencia del niño. Por ello hay que dejar pasar el tiempo necesario entre el primer y el segundo tiempo de la lección, y guardar silencio durante un momento. Después preguntaremos lentamente al niño, y pronunciando muy claramente, únicamente por la palabra enseñada: «Enséñame la vaca» - «Enséñame el cerdo» y el niño nos señalará el objeto con el dedo. De esta manera sabremos si la asociación ha sido memorizada.

Este segundo tiempo es el más importante; es el que contiene la verdadera lección, la ayuda para la memoria y la asociación. Cuando hayamos notado que el niño ha entendido y que sigue interesado, repetiremos varias veces la pregunta, pero a ratos de manera diferente: «Dame la vaca»-«Coge el cerdo»-«Esconde la vaca» etc.

Repitiendo varias veces su pregunta, el adulto insiste sobre la palabra que quedará finalmente grabada. Y con cada repetición, el niño que contesta señalando el objeto, repite la asociación que en ese momento está fijando en su cerebro. Sin embargo, si el adulto percibe que el niño no está dispuesto a prestar atención, si se confunde sin intentar al menos contestar correctamente, en vez de corregir e insistir, el adulto tendrá que suspender la lección para volver a empezar en otro momento u otro día.

El tercer tiempo

Acordarse del nombre que corresponde al objeto. El tercer tiempo es una verificación rápida de las lecciones realizadas anteriormente. Le preguntamos al niño (aislando cada elemento del material, o sea enseñando un solo objeto a la vez): «¿Qué es?». Si el niño ha memorizado correctamente el vocabulario, contestará las palabras previamente aprendidas: «vaca», «cerdo».

Conclusión

Es importante concluir esta lección por: «Hoy, hemos aprendido «vaca» y el adulto toca la vaca, y la palabra «cerdo», y toca el cerdo.

Lección en tres tiempos para enseñar el nombre de cada color «rojo», «amarillo», «azul»

Hacia los 2 años podemos enseñarles con la lección en tres tiempos los colores. Sacamos las tres tablillas (o los tres coches idénticos) delante del niño y le decimos: «Hoy vamos a aprender el nombre de tres colores».

Primer tiempo: enseñando cada una de las tablillas: «Es rojo, ¡rojo!», «Es amarillo, ¡amarillo!», «Es azul, ¡azul!».

Segundo tiempo: Enseñamos las tablillas diciendo: «Enséñame el rojo», «Enséñame el amarillo», «Enséñame el azul». Mezclamos las tablillas y hacemos las mismas preguntas y repitiendo el proceso varias veces.

Tercer tiempo: Retiramos las tres tablillas , y ponemos de nuevo una delante del niño preguntándole: «¿Qué es?», la retiramos, colocamos otra: «¿Qué es?», la quitamos, ponemos la última: «¿Qué es?»

Si el niño ha contestado correctamente, concluimos volviendo a colocar las tres tablillas delante del niño, y decimos: «Hoy, has aprendido "rojo" (se lo señalamos), "amarillo" (se lo señalamos) y "azul" (se lo señalamos)».

Antes de enseñar los tres colores siguientes (otro día) verificamos que el niño se acuerda de los tres anteriores. Si solo se acuerda de dos, retomamos el que no ha memorizado y añadimos dos colores nuevos.

En general, presentamos los objetos, las letras, los números, los colores... de tres en tres. Para un niño muy pequeño o un niño con algunas dificultades (dislexia, discalculia, dificultades de aprendizaje por otros motivos), podemos hacer, sin embargo, presentaciones con solamente dos objetos.

▶ El aprendizaje de un segundo idioma

Aprender un segundo idioma es igualmente un aprendizaje muy importante para el desarrollo de la confianza del niño. En efecto, un ser capaz de comunicarse en varios idiomas tendrá una vida facilitada.

Con esta nueva capacidad, el niño va a abrirse a otros sonidos, a otro mundo, otra cultura, a una manera de pensar diferente y, por tanto, de ensanchar sus horizontes, todo esto es fundamental para su confianza. Además de desarrollar la capacidad de comprensión y de comunicación con un mayor número de personas, es una verdadera ventaja de cara a la confianza en uno mismo.

El cerebro del niño pequeño está realmente diseñado para tal aprendizaje y eso es estupendo, dado que es entre los 0 y 6 años cuando puede aprender mejor un segundo idioma.

Una vez más, teniendo en cuenta que el niño está en plena etapa sensible del idioma, todo lo relativo a este campo le interesa y absorbe la novedad con excepcional facilidad.

Los medios de aprendizaje de una segunda lengua

Lo ideal, naturalmente, es que el niño esté en contacto con un segundo idioma a partir de su nacimiento, especialmente si uno de los padres habla un idioma extranjero. Pero si no es el idioma materno de uno de los padres, esto puede llegar a ser complicado y muy frustrante para el adulto en cuestión, quien, en un momento dado, quizás no tenga vocabulario suficiente para expresar al pequeño todo lo que siente y lo que desea comunicarle.

Sin embargo, para los padres que no hablen un segundo idioma, tenemos la posibilidad de fomentar este aprendizaje en casa.

A través de canciones, cancioncillas infantiles, películas, audiolibros, todos ellos son excelentes herramientas para hacer escuchar un idioma a un niño.

Por supuesto, hay que organizar este aprendizaje y preparar un entorno adecuado.

El adulto puede escoger un tema: los colores, los animales, los miembros de la familia, las formas geométricas, la ropa, las partes del cuerpo, los vehículos, las partes de la casa, los deportes, los números, las profesiones, etc. Buscará canciones, cancioncillas infantiles, libros, actividades artísticas, experimentos científicos en relación con cada tema para poder pasar un cierto tiempo con cada uno.

Incluso si el acento del adulto no es muy bueno, esto no tiene mayor importancia, el niño va a escuchar otro idioma, tomar consciencia de que las palabras pueden ser dichas de manera diferente, que las personas hablan de distinta manera y por tanto despertar en él un interés al respecto. Además, al no tener ningún complejo, el niño se divertirá repitiendo y de esta manera obtendrá un amplio vocabulario.

Luego, cuando el niño crece, tendremos la posibilidad de extender estos aprendizajes a los países donde se usa ese idioma y hacerle descubrir miles de cosas. Esto abrirá al niño a nuevos horizontes y facilitará todavía más su adaptación al mundo y su confianza en sí mismo.

Podemos también recurrir a una estructura de acogida o una persona para ocuparse del niño en un idioma extranjero. En ese caso lo mejor es que el niño se encuentre en una situación de inmersión lingüística total, esto se traduce en que solo se le habla al niño en otro idioma para contestar a sus necesidades de estructura y de rutina. Esto favorece su aprendizaje.

En el aula Montessori el material sensorial, incluyendo todas las tarjetas de nomenclatura y todo el material científico, desarrollan considerablemente el vocabulario del niño tanto con intercambios con el adulto como con la lección en tres tiempo que hemos visto anteriormente. Este funcionamiento es ideal para el aprendizaje de un segundo idioma.

Lo mejor es que cada media jornada de clase esté reservada a un segundo idioma con un profesor nativo. No debe haber dos profesores de idioma diferentes en un mismo entorno. En efecto, en dicho caso el niño irá de buen grado hacia la persona que lo entiende y a quien entiende.

Conclusión

Cada vez más un número mayor de personas entienden que el único medio de hacer evolucionar nuestro mundo hacia un mundo de paz es la educación. Educación dada por padres y por adultos primero, en los lugares de acogida de los bebés y más tarde en los colegios.

Los padres desean en su mayoría dar lo mejor a sus niños a través de esa educación y, al igual que un buen número de docentes, buscan pedagogías diferentes.

Si queremos que el niño de hoy se convierta en un adulto feliz y desarrolle valores éticos, es indispensable que los adultos con los que se cruce en su camino dispongan todo para permitirle ganar estos valores extremadamente importantes para su porvenir: la confianza en uno mismo, que va emparejada con la autonomía, la creatividad y un vocabulario especialmente desarrollado.

Todo de lo que he hablado en este libro puede ser dispuesto alrededor del pequeño. Para terminar haré mención y evocaré una cosa esencial: ¡el amor! Todo puede desarrollarse en armonía y con confianza si recibe el amor de sus padres, pero también de todas las personas que se ocupan de él. Este sentimiento es totalmente indispensable para el niño; para construirse con confianza, confianza en sí mismo, pero también confianza en el adulto y confianza en el mundo en el cual va a crecer. Nunca damos suficiente amor a un niño.

En cambio, habrá que estar atento, porque *amor* no significa posesión, inquietud y reclusión. ¡Es imperativo resistir a un instinto natural de sobreprotección que impediría al niño «volar con sus propias alas»!

Tabla de contenidos

Tabla de contenidos

Tabla de contenidos

Delphine Gilles Cotte

MONTESSORI
en casa

80 juegos pedagógicos
para fabricar uno mismo

edaf

80 juegos
para disfrutar en casa de los beneficios
de la pedagogía Montessori
fabricando uno mismo materiales adaptados.

Otros títulos de la misma colección

Deja que se manchen
Ventajas de los gérmenes para el desarrollo
del sistema inmunitario de tu hijo
Jack GILBERT y Rob KNIGHT

Criar sin complejos
Para disfrutar del arte de ser padres
María SALMERÓN

Niños desconectados
Cómo pueden crecer nuestros hijos
sanos y felices en la era digital
Dra. Elizabeth KILBEY